高等院校**电子商务类**
新形态系列教材

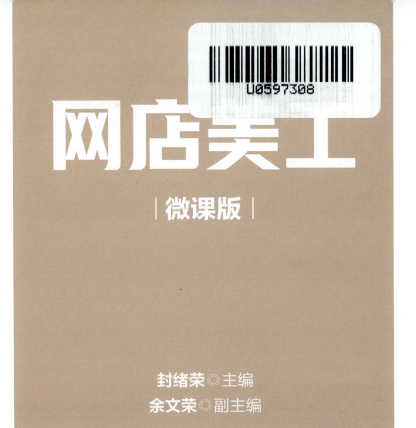

网店美工

|微课版|

封绪荣◎主编
余文荣◎副主编

人民邮电出版社
北京

图书在版编目（CIP）数据

网店美工 : 微课版 / 封绪荣主编. -- 北京 : 人民邮电出版社，2025. --（高等院校电子商务类新形态系列教材）. -- ISBN 978-7-115-67433-3

Ⅰ. F713.361.2

中国国家版本馆 CIP 数据核字第 2025BA7898 号

内 容 提 要

本书旨在帮助零基础的读者学习网店美工的相关知识，掌握网店美工的工作技能。本书共分为 10 章，包括网店美工概述、网店美工必备的视觉设计知识、图片调色、图片修饰与合成、主图和推广图设计与制作、视频设计与制作、网店首页设计与制作、商品详情页设计与制作、专题活动页设计与制作、网店装修等。

本书配有 PPT 课件、教学大纲、电子教案、素材文件、效果文件、题库软件等教学资源，读者可在人邮教育社区免费下载使用。

本书既可作为高等院校电子商务或艺术设计专业网店美工课程的教材，也可作为各类培训机构的美工实战教材，以及从事美工相关工作人员的工具书。

- ◆ 主　　编　封绪荣
- 　　副 主 编　余文荣
- 　　责任编辑　王　迎
- 　　责任印制　陈　犇
- ◆ 人民邮电出版社出版发行　北京市丰台区成寿寺路 11 号
- 　　邮编　100164　电子邮件　315@ptpress.com.cn
- 　　网址　https://www.ptpress.com.cn
- 　　临西县阅读时光印刷有限公司印刷
- ◆ 开本：787×1092　1/16
- 　　印张：11.75　　　　　　　　2025 年 7 月第 1 版
- 　　字数：282 千字　　　　　　2025 年 7 月河北第 1 次印刷

定价：59.80 元

读者服务热线：(010)81055256　印装质量热线：(010)81055316
反盗版热线：(010)81055315

前　言

党的二十大强调了发展数字经济的重要性，明确提出"促进数字经济和实体经济深度融合"的战略方针，而电子商务的迅猛发展则为数字经济发展注入了新的活力。与此同时，网店美工这一基于电子商务繁荣发展而兴起的职业，也日渐显现出其在商业领域的重要地位。网店美工是一项复杂且富有挑战性的工作，需要充分考虑消费者的心理需求，通过精美的视觉设计，展现商品的卖点，同时传递出品牌的深层文化内涵，以此吸引消费者的目光，激发他们的购物热情。

为了全面提升网店美工人员的能力与专业素养，编者精心编撰了本书。本书通过全面且系统的知识体系和大量的实战案例设计，致力于培养读者的设计思维，提升读者的审美能力、设计水平，从而为专业技能型人才的培养和数字经济的繁荣发展贡献自己的力量。

本书内容

本书围绕网店美工这一目前电子商务领域需求量较大的岗位，从处理商品图片与制作网店页面等角度入手，全面介绍网店美工各阶段的工作内容。本书共设计 10 章内容，可分为 4 部分进行学习，各部分的具体内容如下。

第 1 部分（第 1、2 章）：该部分主要讲解网店美工的基础知识和设计要点，包括网店美工的工作流程、网店美工的常用工具等，以及色彩、文字、文案、图片布局与页面风格定位等设计知识。

第 2 部分（第 3、4 章）：该部分主要讲解商品图片的处理与色彩的调整方法，包括修改商品图片构图、优化商品图片画面、丰富图片内容、抠取并合成商品图片，以及各种光影和色调的调整方法等。

第 3 部分（第 5～9 章）：该部分主要讲解主图、推广图、视频及网店页面的设计与制作，包括主图、关键词推广图、人群推广图、PC 端网店首页、移动端网店首页、商品详情页、专题活动页等。

第 4 部分（第 10 章）：该部分主要讲解网店的装修，包括图片切片和各页面的装修方法等。

本书特色

作为网店美工的学习教材，本书与目前市场上的其他同类教材相比，具有以下特色。

商业案例，类型丰富：本书精选数码家电、生鲜、家居等热门品类的设计案例，包括图片处理、推广图设计、视频设计与制作，首页、商品详情页、专题页设计，以及网店装修的实战演示，从而让读者在实际操作中快速掌握网店美工的核心技能。

技能提升，实践性强：本书特别设计了"课堂实训"与"课后练习"两大板块，通过明确的实训要求和思路，帮助读者将所学知识运用到实际操作中，从而加深对知识的理解和记忆。

素养培育，技能并重：本书通过"知识补充"栏目，为读者提供与书中内容相关的经验、技巧和提示，让读者在掌握基础知识的同时，能够进一步拓宽视野，提升专业技能。同时，书中的"设计素养"栏目则用于提升读者的审美能力，培养创新思维和法律意识，从而培养出更加全面和专业的网店美工人才。

紧跟时代，融合创新：本书紧跟时代潮流，适当融入 AI 的相关知识，让读者能够在掌握传统技能的同时，了解并掌握最新的网店美工技术。

配套资源

拓展学习资源：本书配有微课二维码，读者扫描二维码便可以查看相应的微课视频，从而更加直观、全面地理解相关知识。

赠送资源：本书配有丰富的教学资源，包括 PPT 课件、教学大纲、电子教案、素材文件、效果文件、题库软件等，有需要的读者可自行通过网站下载。下载地址为：www.ryjiaoyu.com。

本书由封绪荣任主编，余文荣任副主编。由于编者水平有限，书中难免存在不足之处，欢迎广大读者、专家给予批评指正。

编　者

目　录

第9章
专题活动页设计与制作

第10章
网店装修

第 **1** 章

网店美工概述

本章导读

　　近年来，网络购物的蓬勃发展，推动了网店美工这一职业的出现。顾名思义，网店美工是专门为网店进行美术设计和优化的专业人员。他们在淘宝、京东、唯品会、阿里巴巴等电商平台上，通过视觉设计和创意呈现，为网店打造独特且吸引人的形象。对于电商平台而言，优秀的网店美工不仅能通过精美的设计提升网店的美观度，也能帮助电商平台增强品牌吸引力、扩大消费者基础。对于想要从事网店美工这一职业的人来说，首先需要掌握网店美工的基础知识，清晰了解其工作范围和所需技能。

学习目标

- 了解网店美工需具备的能力。
- 掌握网店美工的定义。
- 掌握网店美工的工作范畴和设计原则。
- 掌握网店美工的工作流程。
- 掌握网店美工的常用工具。

1.1 了解网店美工

网店美工主要负责网店的整体形象设计、网店内商品装饰设计及具体网页页面的设计等工作。要想成为一名合格的网店美工，需要先了解网店美工需具备的能力、工作范畴和设计原则。

1.1.1 网店美工需具备的能力

网店美工可以通过优秀的设计作品达到提升网店形象、突出商品特点、营造购物氛围的效果，这需要网店美工具备以下能力。

- 良好的沟通与团队协作能力，确保高效配合与需求的准确传达。
- 拥有扎实的美术基础和审美眼光，能够设计出引人注目的作品，提升网店和商品的吸引力。
- 熟练使用各种设计与制作软件，包括使用 Photoshop 和 Illustrator 进行图片、页面的设计与制作，使用 Premiere 和剪映进行视频剪辑与制作等。除此之外，还需要熟悉简单的代码操作，以便编辑页面。
- 具备运营和营销思维，懂得从运营、推广、数据分析等角度思考，并将思考结果运用到设计中，以提升网店中商品的点击率，同时激发消费者的购买欲。

> ⊡ **设计素养**
>
> 要成为优秀的网店美工，除了熟练掌握基本技能，还需在以下3方面努力。首先，持续精进专业技能，追求卓越；其次，勇于跨界学习，广泛涉猎多元化的设计理念，保持敏捷与活跃的思维；最后，保持好奇心，不断从生活中汲取灵感，增强设计作品的创新性。

1.1.2 网店美工的工作范畴

网店美工的工作围绕网店展开，通常涉及处理商品图片、设计与制作推广图、制作商品视频、设计网店页面、装修网店等范畴。

- **处理商品图片**：网店中的商品图片大部分来源于拍摄，这些商品图片可能因为拍摄环境、拍摄手法不佳等问题不能直接使用，而网店美工就需要对这些存在问题的图片进行处理，包括调色、裁剪、修饰等。图 1-1 所示为调整咖啡机商品图片色彩的前后对比效果。
- **设计与制作推广图**：为了让网店中的商品通过各种渠道展示给更多的消费者，吸引消费者购买，网店美工需要设计与制作推广图展现商品的促销信息、卖点等内容。图 1-2 所示为淘宝平台数码类商品的推广图。
- **制作商品视频**：网店美工为了更好地展现网店的理念、商品制作工艺、商品使用方法等信息，还会使用剪映、快影、爱剪辑等视频编辑软件制作商品视频，更加直观地将商品信息展现到消费者面前。图 1-3 所示为户外背包的主图视频，该视频展现了户外背包的外观、空间、材料、收纳能力等信息，加强了消费者对该商品的了解。
- **设计网店页面**：网店页面的类型较多，如首页、商品详情页、活动页等，网店美工设计页面前应充分了解各个页面的设计要求，针对不同类型页面的特点进行设计，从而更好地吸引消费者的注意力，增加网店商品的销量。图 1-4 所示为苏泊尔苏宁自营旗舰店的首页效果。

图1-1　调整咖啡机商品图片色彩的前后对比效果

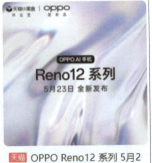

图1-2　淘宝平台数码类商品的推广图

图1-3　户外背包主图视频

图1-4 苏泊尔苏宁自营旗舰店的首页效果

· **装修网店**："装修"是指将设计好的网店页面效果实际应用到网店中的过程。网店美工在装修时可先对页面进行切片操作，然后采用模块与代码相结合的方法对首页、活动页等进行装修操作。

1.1.3　网店美工需要遵循的设计原则

网店美工在设计时需要遵循以下设计原则，以确保网店的视觉效果能够吸引并留住消费者，提升消费者体验。

· **风格统一**：网店的整体设计风格需要保持一致，包括颜色、字体、图片风格和页面布局等方面，以建立统一的网店形象，强化消费者对网店的印象。

· **简洁明了**：设计要简洁明了，避免过多的装饰和复杂的设计元素，让消费者更容易找到他们需要的信息，提升购物体验。

· **强化主题**：设计要突出主题，即要突出展示目标商品或服务。网店美工应该根据商品或服务的特点和目标消费者的需求，设计出符合主题的页面布局和视觉效果。

· **重视消费者体验**：网店美工应该注重消费者体验，关注消费者在浏览和购物过程中的感受。网店美工可以通过优化页面加载速度、简化操作流程、提供清晰的导航和搜索功能等方式来优化消费者体验。

1.2　网店美工的工作流程

　　网店美工的工作流程通常为考虑设计定位、搜集设计素材、素材处理与设计、页面设计、设计审核与效果调整、切片处理与装修。整个流程需要严谨而高效，以确保设计出既美观又符合实际需求的视觉效果。

1.2.1　考虑设计定位

　　网店美工在开展设计工作前，需要先考虑本次设计的定位，通常从消费群体、网店需求、商品风格等角度进行综合考量。

1.　针对消费群体

　　不同消费群体的偏好和需求存在差异，这都会影响网店的定位和设计风格。消费群体可以从性别、年龄、消费倾向等方面划分。

- **按性别划分**：男性消费者偏好简洁、大气、现代的设计风格，倾向于色彩对比强烈、线条简洁明了的设计，对商品的实用性和功能性也有较高要求；女性消费者更喜欢色彩丰富、元素多样的设计风格，偏爱柔和的色彩搭配和温馨的视觉效果，注重细节和装饰性元素，追求美感和浪漫情调。
- **按年龄划分**：青年消费者喜欢时尚、前卫、个性化的设计风格，对新颖、独特的设计元素感兴趣，倾向于选择能够展现自我个性和态度的商品；中年消费者偏好成熟、稳重、简约的设计风格，注重商品的品质和实用性；老年消费者更喜欢典雅、沉稳的设计风格，倾向于选择易于操作和使用的商品，对商品的舒适性和安全性有较高要求。
- **按消费倾向划分**：理性消费者注重商品的性价比和实用性，偏好方便比较不同商品性能和价格的简洁设计风格，对促销和优惠活动较为敏感；感性消费者更注重商品的外观设计和品牌形象，容易被独特的视觉效果和情感体验所吸引，倾向于选择与自己有情感共鸣的商品。

　　以数码家电网店为例，该类型网店的消费者通常为追求高品质、注重科技感和生活便捷性的年轻消费群体。这一消费群体往往对商品的设计、功能和品牌都有一定的要求，他们追求时尚与科技的结合，注重商品的实用性和创新性。为了满足这一消费群体的审美和需求，网店美工在设计时可选择现代、简约且充满科技感的风格；色彩搭配应以冷色调为主，如深灰、蓝色或银色，以凸显商品的科技感和未来感；文字描述应简洁明了，突出商品的核心功能和优势，方便消费者快速了解商品信息。

2.　针对网店需求

　　网店不同时间段的需求不同，如日常运营中，网店需要针对新上架的商品进行特别展示，以吸引消费者的注意力。而在开展网店活动或参加平台活动时，网店则需要根据活动内容设计与装修相应的页面，以营造活动氛围或突出活动信息。

　　在设计前，网店美工应明确设计的目的和切入点。如对于日常上新，可以突出新品的特点和优势；

对于促销活动，则需要强调优惠信息和活动规则。同时，网店美工还需要对商品信息、营销方法、活动信息等进行梳理，并将关键信息融入设计，以准确地传达出相关信息。

3. 针对商品风格

商品都有其独特的风格和特点，网店美工可根据商品的风格进行设计定位，以塑造出与商品风格相一致的品牌形象。具体来说，首先要深入分析商品的风格特点，包括但不限于商品的材质、色彩、形状、功能，针对的消费群体，代表的行为理念等；其次从商品风格中提炼出关键的设计元素，如色彩搭配、材质纹理、图案样式等，这些设计元素将成为网店设计风格的基础，确保网店视觉上与商品风格保持一致；最后根据商品的主要色彩或品牌的标志性色彩来确定网店的主色调，色调的选择应能反映商品的气质，并考虑对消费者购买决策的影响。

> **📖 知识补充**
>
> **风格定位的注意事项**
>
> 网店的色调和风格有时也可以与商品的颜色或风格不同，以营造出对比强烈或突出重点的效果。这种设计的关键在于如何巧妙地平衡网店设计和商品展示，使其既能够吸引消费者注意，又能准确地传达品牌信息和商品特点。因此，网店美工应根据具体需求和目标，灵活地运用各种设计元素，以设计出既美观又实用的网店形象。

1.2.2　搜集设计素材

网店美工在确定设计定位后，便可搜集设计所需的素材，提升后期制作效率。常见的素材主要有图片素材、视频素材等，搜集这些素材的方式主要有网上搜集和实物拍摄。

- **网上搜集**：网上搜集是指在互联网上通过素材网站（如千图网、花瓣网等），搜索并下载需要的素材。但网上很多素材不能用于商业行为，因此要注意著作权问题。

> **📖 设计素养**
>
> 著作权是保护创作者对其原创作品（包括文学、艺术和音乐作品等作品类型）合法权益的制度。在使用网上搜集的素材时，应熟悉并掌握相关的著作权法律法规，明确何种行为可能侵犯著作权，何种行为是合法的，这有助于网店美工在使用素材时做出正确的判断。同时，也要深刻理解创意和知识产权的价值，尊重他人的劳动成果，在未经允许的情况下，不得擅自使用他人的原创作品。

- **实物拍摄**：实物拍摄是指从多个角度或采用不同的拍摄手法拍摄商品，以全面展示商品的外观、细节和特点。实物拍摄要求真实，不能为了销售而弄虚作假。图1-5所示为某数码家电网店采用实物拍摄方式拍摄的商品图片。

图1-5　某数码家电网店拍摄的商品图片

商品图片的拍摄要点

消费者在网上购买商品前不能接触到商品实物，网上关于商品的所有信息都是以文字、图片和视频的形式进行展现的。因此，商品的重量、材质等物理特性很难被消费者感到，这对商品图片提出了更高的要求。为了展示出商品实物的特性，让消费者直观地感受到商品的实物效果，除了从不同的角度拍摄商品，展示出商品更多的细节外，还可以拍摄商品的使用过程图或使用效果图。

1.2.3 素材处理与设计

完成素材的搜集后，网店美工就需要对素材进行简单的处理，如裁剪不需要的区域、修复污点、调整色调、抠取素材等，以及运用处理好或搜集到的素材进行添加文字、形状、线条等设计操作，从而得到完整的设计作品。图1-6所示为处理与设计某数码家电网店商品图片后的效果。

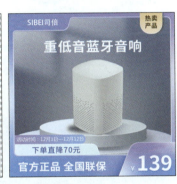

图1-6　处理与设计某数码家电网店商品图片后的效果

1.2.4 页面设计

网店美工除了设计单个图片，还需要设计首页、商品详情页、活动页等页面，设计时要注意各页面的统一性和内容的连贯性。

设计首页时，店招要清晰展示网店名称和Logo；全屏海报应结合网店主题、特色商品、促销信息和商品特点进行设计；优惠区应直接明了地展示优惠内容，如优惠券、满减等，吸引消费者注意；其他区域可通过轮播图或单独区域，展示精选商品，但应确保图片清晰和信息准确。

商品详情页是消费者了解商品信息的重要页面，因此在设计时要注重商品图片的展示、商品特点的介绍、参数的详细罗列及售后服务的说明，并使用文字详细介绍商品的特点、优势、适用范围等信息，确保消费者能够全面地了解商品。除此之外，还可以展示其他消费者的评价、售后服务、商品专利等内容。

设计活动页时，应该确保页面风格与活动主题相符。活动页的主要目的是促销，因此要突出显示促销信息，并确保消费者能够迅速了解活动规则和参与方式。

图1-7所示为奥克斯网店首页和商品详情页的部分设计效果，页面清新、自然，很好地展示了商品的特点。

图1-7　奥克斯网店首页和商品详情页的部分设计效果

1.2.5　设计审核与效果调整

网店美工完成设计后，还需要将设计效果交由上级主管或网店店主进行审核，审核内容包含设计的效果是否符合网店需求，是否存在违禁词，商品信息是否有误，文字信息是否能准确展现商品卖点等。审核完成后，网店美工还需要根据反馈调整效果。

1.2.6　切片处理与装修

审核通过后，就可以进行网店装修。然而在网店装修的过程中，首页、商品详情页、活动页都需通过不同板块的拼接来展现。此时，网店美工需要将页面中的各个板块进行切片处理（见图1-8），并在千牛工作台中进行页面的装修，如图1-9所示。

图1-8　切片处理

图1-9　页面装修

1.3　网店美工的常用工具

网店美工的常用工具有Photoshop、Illustrator、Premiere和剪映等。随着科技的进步，网店美工也开始逐渐使用AIGC工具。

1.3.1　Photoshop

Adobe Photoshop，简称"PS"，是由 Adobe Systems 公司开发和发行的图像处理软件，可用于对图像进行调色、修饰、合成、特效制作等，让图像的色彩、细节更加丰富。Photoshop 是网店美工的常用软件，使用 Photoshop 可进行商品图片的处理和网店页面的设计。图 1-10 所示为 Photoshop 2020 的操作界面。

图1-10　Photoshop 2020的操作界面

1.3.2　Illustrator

Adobe Illustrator，简称"AI"，是由 Adobe Systems 公司开发和发行的一款矢量图绘制软件。该软件主要应用于印刷出版、海报书籍排版、专业插画、多媒体图像处理和互联网页面制作等领域。网店美工一般使用 Illustrator 设计 Logo、绘制矢量素材、搭建各类页面结构。图 1-11 所示为 Illustrator 2020 的操作界面。

图1-11　Illustrator 2020的操作界面

1.3.3 Premiere

Adobe Premiere Pro，简称"Premiere"，是由 Adobe Systems 公司开发的一款视频编辑软件，具有强大的剪辑、修剪、合成和特效制作功能。网店美工可以使用 Premiere 剪辑、制作商品展示视频和品牌宣传视频，更好地展示商品和品牌优势，吸引消费者关注。图 1-12 所示为 Premiere 2020 的操作界面。

图1-12　Premiere 2020的操作界面

1.3.4 剪映

剪映是字节跳动旗下的深圳市脸萌科技有限公司推出的一款视频剪辑工具，具有切割、变速、倒放、转场、变声、贴纸、滤镜、字幕等功能。除此之外，剪映还提供了视频翻译功能，可以帮助使用者自动翻译视频内容，降低多语言场景视频制作的成本。网店美工可以使用剪映进行视频的编辑操作。图 1-13 所示为剪映专业版的操作界面。

图1-13　剪映专业版的操作界面

1.3.5　AIGC工具

AIGC（Artificial Intelligence Generated Content，人工智能生成内容）工具通过先进的生成算法、预训练模型和多模态技术，能够自动生成高质量的文字、图像、音频和视频等多样化内容。在电商行业中，AIGC 工具在商品图片、宣传海报、页面设计等视觉内容，以及活动方案、卖点文案等文字内容的生成上都发挥了巨大作用。

1．文心一言

文心一言是百度全新一代知识增强大语言模型，能够与人进行对话互动，同时回答用户的问题。通过与用户的交流，文心一言可以提供各种信息、知识和灵感，帮助用户更高效地获取所需的内容。网店美工运用文心一言可以快速生成或编辑商品描述文案、促销文案，提升工作效率。图 1-14 所示为使用文心一言生成的广告文案。

图1-14　使用文心一言生成的广告文案

2．文心一格

文心一格是一款基于人工智能技术的艺术和创意辅助工具。网店美工不仅可以通过该工具的文生图功能快速生成符合品牌风格和商品特性的图像，为商品详情页、广告海报等设计作品的制作提供高质量的视觉内容；还可以通过该工具的风格迁移功能将自己上传的图片与多种艺术风格相结合，创造出独特而富有艺术性的作品。同时，文心一格还提供了图片编辑工具，方便网店美工对生成的图片进行细节调整和优化。图 1-15 所示为文心一格的首页。

3．Midjourney

Midjourney 是一款强大的 AIGC 绘画工具，该工具可以根据网店美工输入的关键词，快速生成各种风格的图像，帮助网店美工在商品展示、品牌宣传等方面找到新的视觉创意。

图1-15　文心一格的首页

另外，Midjourney 中文站提供了详细的教程和用户指南，可以帮助用户更好地掌握 Midjourney 的使用技巧。该平台支持多种应用场景，如艺术创作、设计、广告等。图 1-16 所示为 Midjourney 中文站的界面。

图1-16　Midjourney中文站的界面

4. Vega AI

Vega AI 是一款简单易用的在线创作工具，具备图片生成、风格模型和视频生成等多种功能，为网店美工提供了高效、便捷的创作体验。网店美工可使用该工具生成商品背景图和视频素材。图 1-17 所示为 Vega AI 的界面。

图1-17　Vega AI的界面

5. Stable Diffusion

Stable Diffusion 是一款开放源代码的 AIGC 图像生成器，提供了大量的绘画模型供用户免费下载使用。网店美工可以自由探索、定制和扩展其功能，生成符合自己品牌风格和需求的独特图像。图 1-18 所示为 Stable Diffusion 的界面。

图1-18　Stable Diffusion的界面

6. 佐糖

佐糖是一款功能强大的 AI 图像处理工具，具备在线抠图、通用变清晰、黑白照片上色、模糊照片背景等多种实用功能。网店美工可以利用佐糖的各项功能快速处理大量的商品图片。图 1-19 所示为佐糖的图片编辑工具界面。

图1-19 佐糖的图片编辑工具界面

课堂实训——赏析唐朝来客生鲜旗舰店首页

实训背景

唐朝来客生鲜旗舰店是一家生鲜品牌网店,随着"6·18"活动的到来,该网店对首页进行了全新设计(见图1-20),以直观、醒目的方式展示了"6·18"活动内容,整个页面力求通过视觉冲击吸引消费者的注意力,并引导消费者购物。

图1-20 唐朝来客生鲜旗舰店首页

实训要求

本实训将从统一性、简洁性、强化主题、重视消费者体验等设计原则的角度分析唐朝来客生鲜旗舰店的首页。

实训思路

（1）统一性分析。唐朝来客生鲜旗舰店的"6·18"活动首页的色彩统一为橙色调和蓝色调，并且字体样式一致（海报标题采用书法体，其余部分选用黑体）、布局清晰（采用居中布局），使用统一的视觉元素（如统一的标题栏样式和素材元素），实现了整体风格的和谐统一。

（2）简洁性分析。页面设计未使用过多的装饰元素，效果清新简洁，使消费者能够迅速捕捉到关键信息。并且商品分类明确，布局条理清晰，有利于消费者快速浏览页面。

（3）主题分析。页面主色调为橙色，橙色寓意为热闹、喜庆、生意红火，与"6·18"活动的定位相得益彰。同时搭配蓝色体现自然、生态、海洋等信息，与海鲜商品的定位相符，营造出专业与可信赖的氛围。此外，标题和优惠信息的突出展示进一步强化了活动的主题和核心卖点。

（4）消费者体验分析。和谐的色彩搭配、清晰易读的字体及合理的布局设计有利于消费者浏览信息，使消费者可以轻松找到感兴趣的商品，从而提升了消费者的购物体验。

课后练习——赏析全友家居旗舰店首页

本练习要求从统一性、简洁性、强化主题、重视消费者体验等设计原则的角度，赏析图1-21所示的全友家居旗舰店首页。

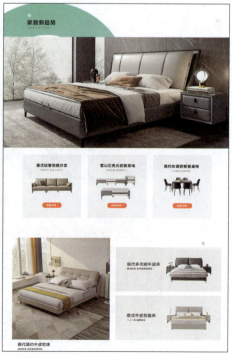

图1-21　全友家居旗舰店首页

第 **2** 章

网店美工必备的视觉设计知识

本章导读

在网络购物环境下，消费者无法亲手触摸商品以感知其详细特性，只能通过商品图片或视频来了解商品的外观和功能。在这样的情境下，视觉效果美观且信息丰富的网店页面成为吸引消费者、传递品牌价值和提升购物体验的关键因素。网店美工需要掌握色彩、文字、文案、图片布局和页面风格定位等方面的知识，从而打造出令人印象深刻的网店视觉效果，为消费者带来愉悦、便捷的购物体验。

学习目标

- 掌握色彩的相关知识，包括色彩构成要素、配色方案、搭配技巧等。
- 掌握文字的相关知识，如文字的类型、运用原则和技巧。
- 掌握文案的相关知识。
- 掌握图片布局方式。
- 了解常见页面风格。

2.1 色彩

通过巧妙的色彩运用，可以赋予网店更强的亲和力和感染力，吸引消费者的目光，进而提升网店的浏览量和商品的购买率。对于网店美工来说，在运用色彩时，首先要深入了解其基础知识，熟悉常用的配色方案和色彩搭配技巧。

2.1.1 色彩构成三要素——色相、明度、纯度

色彩是通过眼、脑和生活经验所产生的一种对光的视觉效应。人对色彩的感觉不仅由光的物理性质所决定，也会受到周围事物的影响。人眼所能感知的所有色彩现象都具有色相、明度和纯度（又称"饱和度"）3个重要特性，它们也是构成色彩的三要素。

1. 色相

色相即色彩呈现出来的外观面貌，也可以简单理解为某种颜色的具体称谓，如红色、黄色、绿色、蓝色等，如图2-1所示。色相是色彩的首要特征，也是用来区分不同色彩的一种标准。

图2-1　色相

色彩本身并无冷暖的温度差别，人们对色彩冷暖的感觉是由色彩通过视觉带给人的心理联想产生的。不同的色相会给人传递不同的感受，根据人们对色彩的主观感受，可以将色彩分为暖色、冷色和中性色。

- **暖色**：红、红橙、橙、黄橙、红紫等颜色，让人联想到太阳、火焰等，并产生温暖、热烈、危险等感觉，故称为"暖色"。
- **冷色**：蓝、蓝绿等颜色，让人容易联想到太空、冰雪、海洋等，并产生寒冷、理智、平静等感觉，故称为"冷色"。
- **中性色**：又称为"无彩色"，指的是黑色、白色以及由黑白调和而成的各种深浅不同的灰色。这些颜色没有明显的冷暖倾向，因此被称为"中性色"。

图2-2所示的商品海报，其主色调是蓝色，这是一种典型的冷色，代表着冷静和宁静。房间的背景墙、左侧窗帘和地板都采用了不同程度的蓝色，为整个空间营造了一种清新、安静的氛围。同时搭配木制家具的棕色、暖黄色，为空间带来了一丝温暖和亲切感。白色茶杯和文字为空间增添了一抹纯净和明亮，同时也与其他颜色形成了良好的呼应。

> **📖 知识补充**
>
> **色彩的使用技巧**
>
> 为了保证画面的色彩平衡，当运用大面积暖色时，可以使用少量冷色作为调和；反之，当运用大面积冷色时，可以使用少量暖色作为调和。

图2-2　商品海报

2. 明度

除了色相外，明度也是影响色彩感受的一大因素。明度是指色彩的明亮程度，即有色物体由于反射光量的区别，而产生颜色的明暗强弱。通俗地讲，在红色里添加的白色越多，则视觉效果越亮，添加的黑色越多，则视觉效果越暗，如图2-3所示。

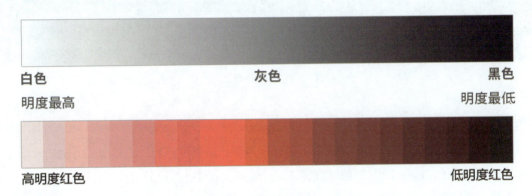

图2-3　明度

色彩的明暗程度会影响人们对色彩轻重的判断，如看到同样重量的物体，黑色或者暗色系的物体会使人感觉偏重，白色或者亮色系的物体则会使人感觉较轻。

明度高的色彩会使人联想到蓝天、白云、彩霞、棉花、羊毛和花卉等，产生轻柔、飘浮、上升、敏捷、灵活的感觉。图2-4所示的商品海报，背景采用不同明度的蓝色，让人产生一种干净、纯粹的感觉，与同色系不同明度的商品进行搭配，让整个画面相互呼应、统一协调，再通过黑色文字，让画面变得更加有吸引力。

明度低的色彩易使人联想到钢铁、大理石等，产生沉重、稳定、降落的感觉。图2-5所示的商品海报，画面的整体色彩明度较低，以黑色、墨绿色为主，白色为辅助色，由于白色的明度高，因此整个画面不会显得沉闷，反而对比强烈。

图2-4　明度高的色彩

图2-5　明度低的色彩

3. 纯度

　　纯度也叫"饱和度"，是指色彩的纯净或者鲜艳程度（后文统称为"饱和度"）。饱和度越高，颜色越鲜艳，视觉冲击力越强。饱和度的高低取决于该颜色中含色成分和消色成分（灰色）的比例。含色成分越高，饱和度越高；消色成分越高，饱和度越低，如图2-6所示。

图2-6　饱和度

　　总之，高饱和度、高明度、高对比度的色彩会使人感觉华丽、辉煌；低饱和度、低明度、低对比度的色彩会使人感觉质朴、古雅。对网店美工而言，使用高饱和度色彩会给人热情、活力、健康、年轻的感觉，能带给消费者非常强烈的视觉冲击。图2-7所示的两张海报中，使用了高饱和度的红色，具有强烈的视觉冲击力，并且为了整张海报的和谐，也加入了一些饱和度较低的红色和橙色作为点缀。这种色彩搭配常见于各种节日类、促销类的设计作品中。

图2-7　高饱和度的海报

2.1.2　常用的配色方案

网店美工在进行设计时，可在满足商品或品牌设计需求的基础上，使用一些常见的配色方案，包括同色系配色方案、相邻色配色方案，以及不同饱和度、明度的配色方案等。

1．同色系配色方案

同色系配色方案是指使用同一种色系中的不同饱和度或明度的色彩进行搭配，这样搭配出的效果和谐、平衡性强。图2-8所示的商品海报采用绿色系色彩搭配，视觉效果浑然一体。

图2-8　绿色系色彩搭配效果

2. 相邻色配色方案

在 12 色相环中，色彩分为红、橙、黄、绿、蓝、紫等 12 个区域，每个区域占据 30°，如图 2-9 所示。相邻色配色方案是指选择色相环上相邻的颜色（即相距 90° 以内）进行搭配，如绿色和蓝色、红色和橙色，这些颜色搭配在视觉上非常和谐，能给人温馨的感觉。图 2-10 所示为黄配绿的相邻色色彩搭配效果。

图2-9　12色相环

图2-10　黄配绿的相邻色色彩搭配效果

3. 对比色配色方案

对比色是指在色相环中相距 120° 到 180° 的颜色，如红色和绿色、蓝色和橙色、黄色与紫色。这种配色方案具有强烈的视觉冲击力，需要适当地加入黑色或白色进行调和。图 2-11 所示为黄色搭配蓝色的对比色色彩搭配效果。

4. 三色配色方案

在 12 色相环中选择 3 个彼此间隔相等（即 3 个颜色之间的夹角相等）的颜色进行搭配，能够带来视觉上的平衡感，适用于需要展示多种颜色但又不希望色彩过于杂乱的设计。图 2-12 所示为绿、红、黄橙三色色彩搭配效果。

图2-11　黄色搭配蓝色的对比色色彩搭配效果

图2-12　绿、红、黄橙三色色彩搭配效果

5. 中性色配色方案

中性色配色方案即使用黑色、白色、灰色等中性色作为基础色，搭配其他颜色。中性色具有很好的兼容性，可以与各种颜色搭配，营造出不同的氛围。

2.1.3　色彩搭配技巧

色彩搭配的黄金比例为 70 ∶ 25 ∶ 5，其中占总版面 70% 的为主色，占 25% 的为辅助色，占 5% 的为点缀色。在设计中通常根据网店风格和类目选择主色，再根据主色选择辅助色，最后选择点缀色用于突出设计重点、平衡视觉效果。图 2-13 所示的商品海报便遵循这个比例。

图2-13　遵循色彩搭配黄金比例的应用案例

- **主色**：主色可以是具体的某些颜色，也可以是一种色调，它决定了网店的整体风格。但主色不宜过多，一般控制在 1 ~ 3 种，颜色过多容易让消费者产生视觉疲劳，也会让画面显得杂乱。
- **辅助色**：辅助色用于烘托主色，帮助主色建立更完整的形象。合理应用辅助色能丰富画面的色彩，使画面更加完整、美观。
- **点缀色**：点缀色是指画面中面积小、色彩比较醒目的一种或多种颜色。合理应用点缀色，可以使画面色彩更加丰富，也能起到画龙点睛的作用。

2.2　文字

文字能直观地向消费者阐述商品的详细信息，引导消费者浏览页面与购买商品。网店美工在添加文字时，可根据不同的设计风格选择不同的文字类型，再运用文字的设计原则和布局技巧，让作品更加美观和更具吸引力。

2.2.1　文字的类型

网店美工可以根据不同的使用场景和需求，选择不同类型的文字字体，如宋体、黑体、书法体和美术体。

- **宋体**：宋体笔画纤细，较为优雅，具有文艺气息，常用于家装类、服装类等网店设计中。图 2-14 所示为宋体在商品推广图中的应用。
- **黑体**：黑体笔画横平竖直，字形方正，具有浓烈的商业气息，常用于店招、商品详情页、全屏海报等设计中。图 2-15 所示为黑体在商品海报中的应用。

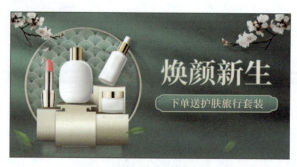

图2-14　宋体

图2-15　黑体

- **书法体**：书法体常指具有书法风格的字体，其笔画多变，富有历史和文化属性，常用于书籍类等具有古典气息的网店中。图 2-16 所示为应用书法体的茶叶海报效果。
- **美术体**：美术体多指一些笔画和结构有特殊设计的字体，具有较强的独特性和艺术性，可以提升网店格调，常用于商品名称、品牌名称、活动主题等文字设计中。图 2-17 所示为商品名称应用美术体的效果。

图2-16　书法体

图2-17　美术体

设计素养

　　网店美工在选用字体时，需要注重字体著作权，如方正字体、汉仪字库中的字体有些需要获得商业授权才能用于商业活动（个人、企业或公司为了获取收益的行为，即以营利为目的的活动）。网店美工应提升自己的著作权意识，避免后续出现著作权纠纷。

2.2.2　文字的运用原则

　　文字用于展现商品基本信息和传递网店需要表达的内容，在网店页面设计中占有举足轻重的地位。遵循文字运用原则可以有效地提升网店页面的质量和效果，使其更具专业性和可读性。

- **清晰准确**：文字表达应清晰明了，使用简洁、具体的词汇和术语，避免复杂或含糊不清的表达方式。这种表述方式有助于消费者迅速理解文字内容，确保信息的准确性和可靠性。
- **层次分明**：文字在呈现信息时，应展现出信息的层级。通过合理的信息层级设计，使用标题、小标题和段落来明确区分和组织信息，使内容结构清晰、逻辑有序，便于消费者快捷捕捉所需信息。

· **美观易读**：文字排版要适应消费者的阅读习惯，字体的设计要给人以美感，做到笔画统一、结构严谨、视觉舒适、排列恰当。此外，文字的色彩搭配也应遵循美观、易读的原则，以增强吸引力和可读性。

· **突出主题**：在文字编排时，应注重视觉导向。通过合理的排版和布局，引导消费者关注重点内容，使消费者更好地理解和吸收信息。

2.2.3 文字的对比技巧

文字的对比主要包括文字大小、疏密、方向、样式等属性的对比，这些文字属性的不同，会使文字在画面中的位置、大小、排版效果产生差异，影响最终的视觉效果。

1. 文字大小对比

设置文字大小是文字排版中最基本的操作，一般来说，画面空间有限，需要通过不同大小的文字来突出重要信息，同时对重要信息和次要信息进行区分。通常情况下，画面中会有标题、副标题、正文，也有重要信息与次要信息，网店美工在设置文字大小时，要放大显示重要信息，缩小显示次要信息，减少其他不必要信息对重要信息显示的干扰，让消费者能够快速将视线锁定到重要信息上，加快信息的接收。而且，大小合适的文字更能够体现画面的层次，增加视觉设计美感。

图2-18所示的商品海报将文字"温和保湿 密集补水"放大显示，让消费者一眼就看到商品卖点，其他文字则缩小显示，避免喧宾夺主，这种方式非常适用于促销或商品推广。

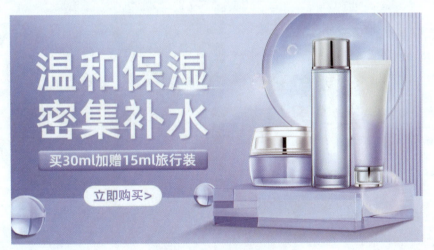

图2-18 文字大小对比

2. 文字疏密对比

文字疏密是指文字之间的间距，包括文字与文字之间、文字与段落之间的距离等。在网店设计中，密集的文字排版适用于信息量大、需要详细阐述的内容，如商品说明书等；稀疏的文字排版则能够营造出轻松、自由的氛围，常用于海报等宣传性设计中。要实现稀疏与密集的对比效果，可以通过调整字距、行距、段落间距等来实现，以达到最佳的视觉效果和阅读体验。

图 2-19 所示的两张商品海报，左图中文字集中到一起，显得过于紧凑；右图通过调整字距和行距，提升了文字的阅读性。

图2-19　文字疏密对比

3. 文字方向对比

文字在画面中的排版方向可以直接影响消费者的视觉感受。如果将不同的信息进行不同方向的呈现，可以有效增加画面的动感和空间感。在网店设计中，垂直排列的文字虽然较为少见，但能够打破常规的排版方式，产生独特的视觉效果；而倾斜的文字常用于营造动感、时尚的氛围，适合与图片或背景元素相结合，形成有趣的互动效果。通过改变文字的方向，网店美工可以在画面中创造出动感和节奏感，增强设计的趣味性。图 2-20 所示为不同文字方向对比的示例。

图2-20　不同文字方向对比

4. 文字样式对比

不同的文字样式具有不同的视觉特点，在网店设计中，可以运用不同的文字样式来突出主题或传达特定的文字信息。例如，在标题中使用手写体可以营造出亲切、自然的氛围；在正文中使用黑体则能够使文字信息更加直观。图2-21所示的商品海报中标题采用了书法体，其他文字则采用宋体和黑体，能直观凸显各部分内容。

图2-21　文字样式对比

2.3　文案

文案是网店设计中不可或缺的一部分，网店美工需要具备一定的文案写作能力，以便更好地展示商品、传递品牌价值并吸引更多潜在消费者。

2.3.1　文案的重要性

文案不仅是商品信息的传递者，也是品牌与消费者情感交流的纽带。一则精心编写的文案，可以极大地提升商品的吸引力，激发消费者的购买欲望，进而促进销售。

- **突出卖点**：文案能够精准地传达商品的核心特点与优势，使消费者在众多商品中迅速识别并记住该商品。
- **精准营销**：优秀的文案能够深入挖掘消费者的需求和心理，通过利益诉求、情感共鸣等方式，精准锁定目标人群。例如，针对注重健康生活的消费者的护肤品文案，可以强调商品的天然成分、温和不刺激等特点。
- **提高品牌知名度**：文案是品牌传播的重要载体。通过独特的语言风格和创意内容，文案能够加深消费者对品牌的印象，提升品牌知名度和美誉度。例如，某知名品牌的广告语"追求卓越品质，创造美好生活"，不仅传达了品牌的价值观，还树立了品牌的良好形象。

2.3.2　写作文案的前期准备

在进行文案编写之前，充分的前期准备工作是不可或缺的。

- **确定文案类型**：网店中文案的类型多样，每种类型都有其特定的写作要求和目的。主图文案需简洁明了，突出商品卖点；商品详情页文案需详细展示商品特点，逐步引导消费者；海报文案则注重情感化或高端化的表达，以提升品牌形象。
- **分析消费群体**：了解目标消费群体的购买习惯，把握他们的需求和喜好，从而确定文案内容和风格。
- **分析同行信息**：通过对比分析同行的文案，找出其优点和不足，为自己的文案编写提供借鉴和启示。例如，可以关注竞争对手的文案风格、用词、排版等方面，找出自己的不足之处并改进文案。
- **确定文案主题**：文案的主题应围绕商品的特点和消费者的利益诉求展开，用简洁的词汇表达主题信息。同时，主题还应与情感相结合，与消费者建立情感共鸣。
- **策划视觉表现**：文案的视觉表现同样重要。通过选择合适的字体、搭配适宜的颜色和优化版面布局，可以使文案与图片相互呼应，共同传达商品信息。视觉表现将直接影响文案的吸引力和消费者的阅读体验。

2.3.3　文案的写作

网店文案主要包括主图文案、商品详情页文案、海报文案等，不同类型的文案有不同的写作方法。

1. 主图文案的写作

主图作为吸引消费者注意的首要内容，在写作其文案时不但要展现商品的关键信息，还需要迎合消费者的心理，刺激消费者产生购买欲望。

- **突出卖点**：主图文案的首要任务是快速吸引消费者的注意力，并传达商品的核心卖点。这需要深入了解目标消费群体的需求和心理，通过简短、有力、准确的文案突出商品的独特性和优势。例如，图2-22所示的3张主图，智能手环的主图文案为"彩屏全触　移动防水"，而儿童床的主图文案为"全实木|可定制　大储物|多功能"，女鞋的主图文案为"隐形增高5cm"，这些文案既突出了商品的核心功能，又直接关联到消费者的隐形需求。

图2-22　突出卖点

- **数字化呈现**：数字具有直观、易理解的特点，可以有效传达商品的特性和优势。使用数字，能够更具体地展现商品的特点，如销量、折扣、性能参数等。例如，"7分钟速沸""30天（试用）""10叶304刀头"这样的文案就通过数字直观地展示了商品的各种信息，如图2-23所示。

图2-23　数字化呈现

· **体现促销信息**：促销信息的添加是吸引消费者点击和购买的有效手段。在主图中加入促销信息，如特惠、赠品等，能够促使消费者尽快下单。例如，"第2件低至6.6元""购满2件即享8折""买1箱送1箱"。这些文案通过促销信息，吸引了消费者的眼球，如图2-24所示。

图2-24　促销信息

📖 **知识补充**

巧妙运用修辞手法

在写作文案时，可运用比喻、引用等修辞手法，增加文案的吸引力和趣味性，提高消费者的阅读兴趣和购买意愿。如"这款智能手表就像你的私人时间管家，不仅能帮你精准掌握每一分每一秒，还能让你在繁忙的生活中游刃有余。"该文案将智能手表比喻为"私人时间管家"。这样的比喻不仅突出了商品的实用性，也提升了文案的吸引力和趣味性。

2. 商品详情页文案的写作

商品详情页文案的写作，可从激发兴趣、刺激需求、增加信任等角度展开。

· **激发兴趣**：商品详情页文案的首要任务是激发消费者的兴趣，并引导他们继续浏览页面。例如，对于一款智能家居设备，商品详情页开头文案可以写为"全屋无死角覆盖　家中处处是C

位　透过智能网络监测并且定位……"这样的文案通过描绘使用场景，能激发消费者的兴趣和好奇心，如图2-25所示。

- **刺激需求**：在商品详情页中，需要通过详细的商品介绍和使用场景描绘刺激消费者的购买需求，包括展示商品的功能、特点、优势及使用效果等。例如，对于一款电动牙刷，商品详情页文案可以详细描述其高效的清洁能力、舒适的刷毛材质及便捷的充电方式（见图2-26）等，以此激发消费者的购买欲望。

- **增加信任**：在商品详情页中增加信任元素是提升转化率的关键。这包括展示商品的品质保障、品牌实力、用户评价及售后保障等信息。例如，对于一款高品质的厨具，商品详情页文案可以强调其选用优质材料、经过严格质检等品质保障措施（见图2-27），同时展示其他消费者的好评和反馈增加消费者的信任感；此外，还可以提供详细的售后保障政策，如"七天无理由退换货"，消除消费者的顾虑。

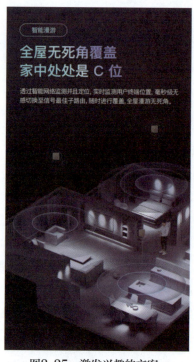

图2-25　激发兴趣的文案

图2-26　刺激需求的文案

图2-27　增加信任的文案

3. 海报文案的写作

　　海报是商品营销过程中的一个重要道具，它直接连接商品和消费者，通过视觉传达商品信息，提高消费者对商品的认知，从而激发他们的购买欲望。海报文案的主要组成部分包括标题、卖点、商品信息、促销信息等。

- 标题是海报文案中最醒目的文字信息，需要简洁且吸引眼球，体现出海报的主题，并且其视觉效果也要有吸引力。
- 卖点需要详细阐述商品的优势、特点或独特价值，旨在说服消费者购买。

- 商品信息提供了关于商品的详细说明，帮助消费者了解他们即将购买的商品。
- 促销信息是海报文案中用来刺激购买欲望的重要元素，通常包括折扣、优惠、活动等信息。

图2-28所示的海报文案，其主标题为"务实主义"，副标题为"V6沉稳的黑色宣示着一贯的务实精神"，卖点为"指纹、密码、钥匙、触屏"，商品为密码锁，促销信息为"￥2198/原价 3180 元"，整个文案主次明显，能直观地传递商品卖点。

图2-28　海报文案

2.3.4　文案写作的注意事项

如果文案只是为了创意而写作，会导致内容过于天马行空，失去应有的价值和实用性。在文案写作时还应注意以下问题。

- **避免重复**：当同质商品较多时，应尽量避免使用一样的文案，要挖掘每个商品的特点，创作出具有独特个性的文案。
- **避免语句过长**：为迅速引起消费者的阅读兴趣，应将需要重点表达的关键词放在文案前面，并且在保留核心信息的基础上，通过删减字数、调换句式，或用短词语替换长词语，以保证语句精练、主题突出。
- **避开敏感词**：避免使用《中华人民共和国广告法》中规定的违禁词和敏感词。一旦出现这些词，平台就会屏蔽该商品信息，消费者将无法搜索到相应的商品。另外，标题中还要避免出现如"肥胖""衰亡"等会引起消费者反感的词，这些词不仅会引来争议，还会降低消费者对品牌的好感度。

2.4　图片布局与页面风格定位

在各个电商平台中，通常会使用到多张不同的图片，并将它们巧妙地组合成一个完整的页面。为了使这些图片更具吸引力，网店美工需要了解如何进行图片布局。同时，这些图片组成的页面往往呈现出多样化的风格，网店美工可以根据网店需求对页面风格进行明确定位。

2.4.1 常规图片布局方式

图片布局是对画面中各元素的有序组织，以形成和谐统一的视觉效果。合理的布局方式不仅可以提升图片的美观度，还可以给消费者带来独特的视觉感受。在图片布局的过程中，文案与商品（或商品模特儿）的排版尤为重要，一般呈现为以下几种方式。

- 两栏式：把整个画面分为左右两个部分，根据需求可以文案在左，商品在右；也可以文案在右，商品在左。另外，一般两栏式布局会对文案进行装饰或添加背景，以达到左右均衡。图 2-29 所示为两栏式布局的示例，左侧为说明性文字，右侧为商品图片，整个画面和谐美观。

图2-29　两栏式布局示例

- 三栏式：把整个画面分为左中右 3 个部分，文案在两边，中间放置模特儿或商品图像；或左右两边为商品，中间为文案。图 2-30 所示为三栏式布局的示例，其视觉效果稳定，商品和文字信息突出。

图2-30　三栏式布局示例

- **上下式**：把整个画面分为上下两个部分，可以文案在上，商品在下；也可以文案在下，商品在上。由于画面的尺寸限制，上下式布局一般使用较少。图2-31所示为上下式布局的示例，上方为主题文字，下方为商品展示，文字和商品在画面中的占比和谐，给人带来视觉舒适感。

图2-31　上下式布局示例

- **中心式**：在画面中心位置安排主要元素，如商品图片或促销文案。这种构图方式给人稳定、端庄的感觉，可以产生中心透视感。在使用这种构图方式时，为了避免画面呆板，通常会使用小面积的形状、线条或其他装饰元素进行灵活搭配，增强画面的灵动感。图2-32所示为中心式布局的示例，画面中间为商品图片和卖点文案，两侧搭配了一些装饰的烟雾，主题突出，视觉效果美观。

图2-32　中心式布局示例

- **对角线式**：将画面主体物安排在画面的斜对角位置，这样既能有效利用画面对角线的长度，又能使主体物和陪衬物产生直接关系，使画面更具有动感，还能达到突出主题的目的。图2-33

所示为对角线式布局的示例，将商品主体和陪衬小物品倾斜排列，利用商品主体与上下两边的连接产生拉长视线的效果。

图2-33　对角线式布局示例

2.4.2　常见页面风格

页面风格在一定程度上可以影响网店流量和商品销量。因此，网店美工应根据品牌和商品的特点来精准定位页面风格。以下是常见的一些页面风格。

· **极简风**：极简风追求的是"少即是多"的设计理念，强调简洁、明了和功能性。在色彩上，通常采用中性色或单一色调，如白色、灰色、黑色等，以突出商品的主体和质感。极简风适用于各种反映高品质、简约生活的商品，如家居用品、服饰、电子产品等。图 2-34 所示为小米官方旗舰店首页，其极简风设计很好地突出了商品质感和品牌基调。

图2-34　极简风

· **可爱风**：可爱风以明亮、鲜艳的色彩和卡通元素为主，营造出一种轻松、活泼的氛围，通常会使用大量的粉色调、圆角和卡通图案，给人一种可爱、甜美的感觉。可爱风适用于与儿童、女性相关的商品，如童装、女装、玩具、文具等。图2-35所示为某文具网店采用的可爱风海报。

图2-35　可爱风

- **科技风**：科技风以现代、前卫、科技感为主，强调未来感和创新感。在色彩上，通常采用蓝色、紫色等冷色调，体现科技的冷静和理性。在设计元素上，会运用线条、几何图形、光影效果等科技元素，营造出科技感十足的氛围。科技风适用于科技类商品，如电子产品（如手机、数码配件）、智能家居设备等。图2-36所示的某笔记本电脑详情页，采用了蓝色、白色、紫色，以及各种高明度的纯色，搭配发光文字，营造出强烈的科技感。

图2-36　科技风

- **立体风**：立体风注重空间的层次感和立体感，从光影、透视和材质等方面，营造出一种立体、生动的效果。在设计中，可以运用各种立体图形、图案和材质，增加商品的立体感和视觉冲击力。立体风适用于各种需要突出立体感和空间感的商品，如手工艺品、家居装饰品等。图2-37所示的某品牌海报，采用了立体风设计，通过立体的装饰物和主题字，让整个画面更具真实感。
- **复古风**：复古风具有独特的古典韵味，容易让消费者产生一种恋旧情怀。它在吸引目光的同时又能营造出浓郁的文化氛围，适用于具有复古元素或古典风格的商品，如汉服、玉石饰品等。

图 2-38 所示的某玉镯详情页焦点图，采用了古色古香的色彩搭配，以及富有传统文化气息的竹叶装饰元素，营造出了浓浓的中国风。

图2-37　立体风

图2-38　复古风

课堂实训——赏析甘福园旗舰店首页

实训背景

　　甘福园旗舰店是一家经营鲜果蔬菜的天猫网店，其商品种类丰富，包括芒果、荔枝、火龙果、葡萄、橘子、山竹等。图 2-39 所示为甘福园旗舰店的"6·18"活动首页，通过打造清爽的视觉效果体现了果蔬新鲜、清新的卖点，并将活动中的各类主推商品展示给消费者。

实训要求

　　本实训要求从色彩、文字、文案和页面风格等角度鉴赏甘福园旗舰店首页，以学习其设计方法。

图2-39　甘福园旗舰店首页

实训思路

（1）色彩赏析。首页以蓝色为主，蓝色象征着清新、宁静和凉爽，与清新、新鲜的主题氛围相契合。水果本身的色彩鲜艳且多样，如红色的樱桃、橙色的橙子、紫色的葡萄等，这些色彩与蓝色背景形成鲜明对比，使水果形象更加突出。整体的色彩搭配和谐统一，营造出一种清新、愉快的感觉，符合活动主题，体现出了商品的卖点。

（2）文字赏析。文字字体以美术体、黑体为主，视觉效果简洁、大方。文字信息层级清晰，活动主题字体醒目、字号较大，能让消费者一眼识别，商品描述文字排列集中，字体、字号和颜色选择较为统一，保证了信息的可读性和页面的整洁性。

（3）文案赏析。文案内容简短明了，直接点明活动主题和商品特点、优惠信息。同时文案风格统一、用词简洁，如"香甜多汁/肉质细腻""色泽金黄/水润多汁"等，增强了文案的节奏感和吸引力。此外，文案中还运用了数字化呈现方式（如"买4斤送4斤""买5斤送5斤"等）来具体说明活动的优惠力度，使消费者更容易理解和接受信息。

（4）页面风格赏析。页面中添加了卡通元素，且做了一些夸张处理，给人一种活泼、可爱的感觉。背景打造了海洋主题，增加了整体设计的趣味性和创意性，使视觉效果更加轻松、愉快。

课后练习——赏析博洋家居旗舰店首页

图 2-40 所示为博洋家居旗舰店首页，对该页面的色彩、文字、文案、风格等进行赏析。

图2-40　博洋家居旗舰店首页

第 **3** 章

图片调色

本章导读

在处理商品图片的过程中，由于拍摄环境、光线条件、设备设置等多种因素的影响，拍摄出的商品图片颜色可能会出现偏差或失真。这种情况会误导消费者对商品颜色的判断，进而影响他们的购买决策。为了确保消费者能够通过商品图片准确了解商品的实际颜色，对商品图片进行调色处理，恢复其本身颜色变得至关重要。

学习目标

● 掌握调整曝光不足和曝光过度商品图片的方法。

● 掌握调整逆光商品图片的方法。

● 掌握调整暖色调、冷色调商品图片的方法。

● 掌握矫正偏色商品图片的方法。

3.1　调整商品图片的光影

　　由于拍摄环境、视角及照明条件的差异，所拍摄的商品图片有时会出现多种光影问题，如曝光不足、曝光过度、逆光等，可通过调整商品图片的亮度、对比度、高光等来改善其光影表现，提升商品图片的质感。某数码家电网店拍摄的音响、桌面小风扇、相机等商品图片存在一些光影问题，现需要解决这些问题。

3.1.1　调整曝光不足的商品图片

　　由于拍摄条件有限，音响商品图片存在曝光不足的问题，需要提高商品图片的明暗度和对比度，增加曝光度。其具体操作如下。

微课视频

调整曝光不足
的商品图片

（1）打开"音响 .jpg"素材文件（配套资源：素材文件 \ 第 3 章 \ 音响 .jpg），如图 3-1 所示。

（2）按【Ctrl+J】组合键复制图层，选择【图像】/【调整】/【色阶】命令，打开"色阶"对话框，在"阴影""中间调""高光"数值框中分别输入参数"0""1.26""222"，单击 确定 按钮，如图 3-2 所示。

图3-1　打开素材文件

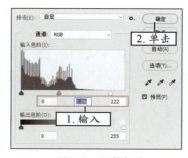

图3-2　调整色阶

（3）选择【图像】/【调整】/【亮度 / 对比度】命令，打开"亮度 / 对比度"对话框，设置"亮度""对比度"分别为"85""-10"，单击 确定 按钮，如图 3-3 所示，效果如图 3-4 所示。

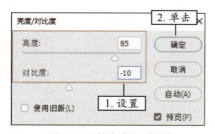

图3-3　调整亮度和对比度

图3-4　调整后的效果（1）

（4）此时，图片中的暗部细节不明显。选择【图像】/【调整】/【曝光度】命令，打开"曝光度"对话框，设置"曝光度""位移""灰度系数校正"分别为"+0.28""+0.0057""1.00"，单击 确定 按钮，如图 3-5 所示，效果如图 3-6 所示。

图3-5　设置曝光度

图3-6　调整后的效果（2）

（5）按【Ctrl+J】组合键复制图层，打开"图层"面板，选择"图层 1 拷贝"图层，设置"图层混合模式"为"滤色"，"不透明度"为"50%"，如图 3-7 所示，效果如图 3-8 所示。

图3-7　设置图层参数

图3-8　调整后的效果（3）

（6）返回图像编辑区，可发现音响的明暗度有了明显变化，并且其暗部也出现了更多的细节。最后保存文件（配套资源：效果文件\第3章\音响.psd）。

> **📑 知识补充**
>
> **修复曝光不足的商品图片的注意事项**
>
> 　　修复曝光不足的商品图片时，首先要准确判断图片曝光不足的程度，这有助于确定后续调整的方向和力度。在提亮图片的过程中，要小心保护图片的细节，避免过度提亮导致细节丢失或产生噪点。在进行调整前，须对原始图片文件进行备份，以便在需要时可以恢复到原始状态。

3.1.2　调整曝光过度的商品图片

　　拍摄的桌面小风扇商品图片存在曝光过度的问题，导致视觉效果过亮、发白，因此需要降低图片的亮度和曝光度，增加商品主体的轮廓细节。其具体操作如下。

（1）打开"桌面小风扇.jpg"素材文件（配套资源：素材文件\第3章\桌面小风扇.jpg），如图 3-9 所示。

（2）按【Ctrl+J】组合键复制图层，选择【图像】/【调整】/【曝光度】命令，打开"曝光度"对话框，设置"曝光度""位移"分别为"-0.18""-0.0399"，单击 确定 按钮，如图 3-10 所示，效果如图 3-11 所示。

> 微课视频
>
> 调整曝光过度的商品图片

图3-9　打开素材文件

图3-10　调整曝光度

图3-11　调整曝光度后的效果

（3）选择【图像】/【调整】/【亮度/对比度】命令，打开"亮度/对比度"对话框，设置"亮度""对比度"分别为"-15""-15"，单击 确定 按钮，如图3-12所示。

（4）选择【图像】/【调整】/【自然饱和度】命令，打开"自然饱和度"对话框，设置"自然饱和度""饱和度"分别为"+17""+10"，单击 确定 按钮，如图3-13所示，效果如图3-14所示。

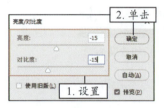

图3-12　调整亮度/对比度

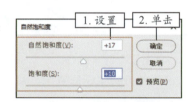

图3-13　调整自然饱和度

图3-14　调整亮度/对比度和
自然饱和度后的效果

（5）选择【图像】/【调整】/【色阶】命令，打开"色阶"对话框，在"阴影""中间调""高光"数值框中分别输入参数"28""0.8""223"，单击 确定 按钮，如图3-15所示，此时桌面小风扇图片已经具有明暗对比效果，如图3-16所示。

（6）为了增加商品图片轮廓的清晰度，可对商品图片进行锐化处理。选择【滤镜】/【锐化】/【USM锐化】命令，打开"USM锐化"对话框，设置"数量""半径""阈值"分别为"100""5.0""100"，单击 确定 按钮，如图3-17所示。

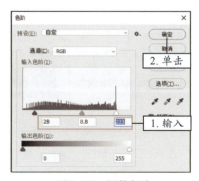

图3-15　调整色阶

图3-16　调整色阶后的效果

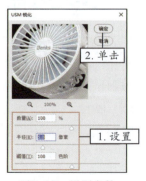

图3-17　设置参数

（7）返回图像编辑区，可发现桌面小风扇轮廓更加清晰，如图3-18所示。

（8）按【Ctrl+J】组合键复制图层1，打开"图层"面板，选择"图层1拷贝"图层，设置"图层混合模式"为"正片叠底"，"不透明度"为"20%"，如图3-19所示，效果如图3-20所示。保存文件（配套资源：效果文件\第3章\桌面小风扇.psd）。

图3-18　调整后的效果　　　　图3-19　设置图层混合模式和不透明度　　　　图3-20　完成后的效果

3.1.3　调整逆光的商品图片

由于在光线较强烈的下午拍摄，商品图片出现逆光、细节不清晰的问题，需要提高逆光部分的对比度，以突出商品主体。其具体操作如下。

（1）打开"相机.jpg"素材文件（配套资源：素材文件\第3章\相机.jpg），如图3-21所示。

（2）按【Ctrl+J】组合键复制图层，选择【图像】/【调整】/【亮度/对比度】命令，打开"亮度/对比度"对话框，设置"亮度""对比度"分别为"31""4"，单击按钮，如图3-22所示。

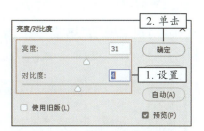

图3-21　打开素材文件　　　　　　图3-22　设置亮度和对比度

（3）选择【图像】/【调整】/【阴影/高光】命令，打开"阴影/高光"对话框，勾选"显示更多选项"复选框，设置"阴影"栏中的"数量""色调""半径"分别为"100""50""30"，"高光"栏中的"数量""色调""半径"分别为"72""27""419"，"调整"栏中的"颜色""中间调""修剪黑色""修剪白色"分别为"+45""+8""0.01""0.01"，单击<确定>按钮，如图3-23所示。

（4）此时可发现商品图片逆光部分得到处理，但相机色彩存在偏差，如图3-24所示。

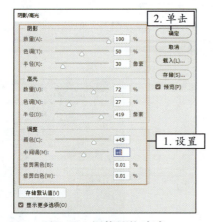

图3-23　调整阴影/高光

图3-24　调整阴影/高光后的效果

（5）在工具箱中选择"磁性套索工具" ，按住鼠标左键不放，沿着相机的轮廓进行拖曳，直至返回起点，单击鼠标左键将路径转换为选区，如图3-25所示。

（6）选择【图像】/【调整】/【曲线】命令，打开"曲线"对话框，将鼠标指针移动到曲线编辑框中的曲线上，单击创建一个控制点，然后向下拖曳调整图片暗部信息，在曲线上再次单击创建一个控制点并向上拖曳，调整图片的亮度信息，完成后单击 确定 按钮，如图3-26所示。完成后的效果如图3-27所示。

图3-25　绘制路径并将其转换为选区

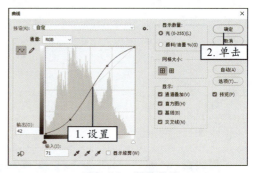

图3-26　调整曲线

（7）选择【图像】/【调整】/【亮度/对比度】命令，打开"亮度/对比度"对话框，设置"亮度""对比度"分别为"0""50"，单击 确定 按钮，如图3-28所示。

图3-27　调整曲线后的效果

图3-28　调整亮度/对比度

（8）按【Shift+Ctrl+I】组合键反选选区，选择【图像】/【调整】/【色阶】命令，打开"色阶"对话框，在"阴影""中间调""高光"数值框中分别输入参数"0""1.25""220"，单击 确定 按钮，如图 3-29 所示。返回图像编辑区，按【Ctrl+D】组合键取消选区，效果如图 3-30 所示。

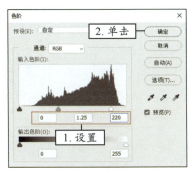

图3-29　调整色阶

图3-30　调整色阶后的效果

（9）观察发现左侧灰色椅子处有较深的色差，选择"修补工具" 🔲，框选整个有色差区域后，将鼠标指针移动到选区内，使鼠标指针呈 状态，向上拖曳鼠标指针可自动填充上方的颜色，按【Ctrl+D】组合键取消选区，如图 3-31 所示。

（10）按【Ctrl+J】组合键复制图层 1，打开"图层"面板，选择"图层 1 拷贝"图层，设置"图层混合模式"为"线性减淡（添加）"，"不透明度"为"20%"，如图 3-32 所示。保存文件（配套资源：效果文件\第 3 章\相机 .psd）。

图3-31　修补图像

图3-32　设置图层混合模式和不透明度

3.2　调整商品图片的色调

　　商家在处理商品图片时，常会根据品牌或商品的定位来调整商品图片的色调。为了准确传达商品的特点和风格，可通过两种方法调整。一种方法是改变拍摄环境，如使用色温不同的灯光或背景，以营造出符合商品气质的色调；另一种方法是对商品图片的色调进行后期处理，如根据商品的特点，将色调调整为暖色调或冷色调。完成色调的调整后，若发现商品图片中存在偏色的问题，还需要校正偏色的图片，使其恢复商品的本色。

　　近期，需要调整某数码家电网店拍摄的投影仪、移动电源、便携式风扇等商品图片的色调，提升商品图片的视觉效果。

3.2.1 调出暖色调商品图片

拍摄的投影仪商品图片偏紫色，视觉效果偏冷。为了给消费者营造一种舒适、温暖的感觉，与投影仪作为家居娱乐设备的使用场景相契合，可以将图片色调调整为暖色调。其具体操作如下。

微课视频

调出暖色调
商品图片

（1）打开"投影仪.jpg"素材文件（配套资源：素材文件\第3章\投影仪.jpg），如图3-33所示。

（2）在工具箱中选择"钢笔工具" ，沿着投影仪和右侧的图书绘制路径，为避免后期变色，完成后按【Ctrl+Enter】组合键将路径转换为选区，按【Ctrl+J】组合键复制图层。

（3）打开"图层"面板，在其下方单击"创建新的填充或调整图层"按钮 ，在打开的下拉列表中选择"纯色"选项，如图3-34所示。

（4）打开"拾色器（纯色）"对话框，在下方设置颜色值为"#f8d542"，单击 确定 按钮，如图3-35所示。

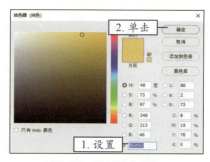

图3-33 打开素材文件　　　图3-34 设置纯色　　　图3-35 设置填充颜色

（5）打开"图层"面板，设置"颜色填充1"图层的"图层混合模式"为"柔光"，如图3-36所示。

（6）在"图层"面板的下方再次单击"创建新的填充或调整图层"按钮 ，在打开的下拉列表中选择"照片滤镜"选项，打开"属性"面板，选中"颜色"单选项，并单击右侧的颜色色块，打开"拾色器（照片滤镜颜色）"对话框，设置颜色为"#fab113"，单击 确定 按钮。返回"属性"面板，设置"密度"为"50"，勾选"保留明度"复选框，如图3-37所示。

（7）按【Ctrl+Shift+Alt+E】组合键盖印图层，得到"图层2"图层，再按【Ctrl+J】组合键复制"图层2"图层。打开"图层"面板，设置复制后的"图层2拷贝"图层的"图层混合模式"为"正片叠底"，不透明度为"20%"，如图3-38所示。

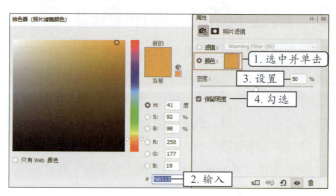

图3-36 设置图层混合模式　　　图3-37 设置照片滤镜参数

（8）将"图层1"图层拖曳到所有图层最上方，并设置"不透明度"为"70%"，如图3-39所示。返回图像编辑区，查看完成后的效果，如图3-40所示。最后保存文件（配套资源：效果文件\第3章\投影仪.psd）。

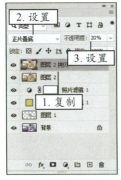

图3-38　设置图层参数

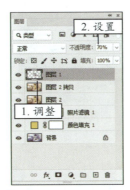

图3-39　调整图层位置和不透明度

图3-40　完成后的效果

📖 **知识补充**

盖印图层的技巧

盖印就是将处理后的效果盖印到新的图层上，在盖印后形成的图层上进行操作将不影响前面的效果。若不想某个图层被盖印，可在盖印前隐藏该图层，再进行盖印操作。

3.2.2　调出冷色调商品图片

移动电源商品图片的色调为暖色调，为了体现出商品图的质感，可在保持商品本身色彩不变的基础上，将色调调整为冷色调。其具体操作如下。

（1）打开"移动电源.jpg"素材文件（配套资源：素材文件\第3章\移动电源.jpg），如图3-41所示。

（2）在工具箱中选择"钢笔工具" ，沿着移动电源的边缘绘制路径，完成后按【Ctrl+Enter】组合键将路径转换为选区，按【Ctrl+J】组合键复制图层。

（3）打开"图层"面板，在其下方单击"创建新的填充或调整图层"按钮 ◔，在打开的下拉列表中选择"纯色"选项，打开"拾色器（纯色）"对话框，在下方设置颜色值为"#045589"，单击 确定 按钮，打开"图层"面板，设置"颜色填充1"图层的"图层混合模式"为"柔光"。设置后的商品图片显示效果如图3-42所示。按【Ctrl+J】组合键复制图层，可发现整个色调变冷，如图3-43所示。

（4）在"图层"面板的下方单击"创建新的填充或调整图层"按钮 ◔，在打开的下拉列表中选择"色相/饱和度"选项，打开"属性"面板。在"全图"下拉列表中选择"绿色"选项，设置"色相""饱和度""明度"分别为"+67""−72""+33"，如图3-44所示。

（5）在"全图"下拉列表中选择"青色"选项，设置"色相""饱和度""明度"分别为"+53""+13""0"，如图3-45所示。效果如图3-46所示。

微课视频

调出冷色调商品图片

图3-41　打开素材文件

图3-42　调整后的效果

图3-43　复制图层后的效果

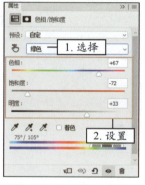

图3-44　设置绿色参数

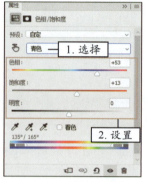

图3-45　设置青色参数

图3-46　设置后的效果

（6）在"图层"面板的下方单击"创建新的填充或调整图层"按钮 ，在打开的下拉列表中选择"色彩平衡"选项，打开"属性"面板。在"色调"下拉列表中选择"中间调"选项，设置"青色""洋红""黄色"分别为"+1""+4""+47"，如图3-47所示。

（7）再次单击"创建新的填充或调整图层"按钮 ，在打开的下拉列表中选择"曲线"选项，打开"属性"面板。在"通道"下拉列表中选择"蓝"选项，将鼠标指针移动到曲线编辑框中的曲线上，单击创建控制点并将其向下拖曳，如图3-48所示。

（8）将"图层1"图层拖曳到图层最上方，并设置"不透明度"为"70%"。返回图像编辑区，查看完成后的效果，如图3-49所示。最后保存文件（配套资源：效果文件\第3章\移动电源.psd）。

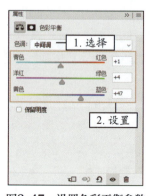

图3-47　设置色彩平衡参数

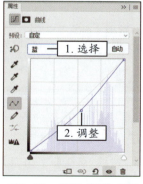

图3-48　调整"蓝"曲线

图3-49　完成后的效果

认识色彩平衡

色彩平衡是运用补色的原理进行调色。补色是指在色相环中处于相对位置的颜色，这些颜色在视觉上形成互补关系，如红色与绿色、蓝色与橙色、黄色与紫色等。在一张图片中，阴影是画面中的暗部，中间调是图片中明暗适中的部分，高光则是画面中的亮部。因此，在"色彩平衡"对话框中，可以通过在"色调"下拉列表中选择"阴影""中间调""高光"选项，来调整画面中的对应部分。

3.2.3　校正偏色商品图片

由于光源的原因，拍摄的风扇颜色呈粉色，但其实际颜色为黄色，为了避免消费者被色彩误导，需要校正偏色图片，使其恢复原本的色彩。其具体操作如下。

微课视频

校正偏色商品图片

（1）打开"便携式风扇 .jpg"素材文件（配套资源：素材文件\第3章\便携式风扇 .jpg），如图 3-50 所示。按【Ctrl+J】组合键复制图层。

（2）为了避免背景区域的色彩被修改，选择"钢笔工具" ，沿着整个便携式风扇区域绘制路径，按【Ctrl+Enter】组合键将路径转换为选区，如图 3-51 所示。

（3）选择【图像】/【调整】/【色彩平衡】命令，打开"色彩平衡"对话框，在"色调平衡"栏中选中"中间调"单选项，在"色彩平衡"栏中设置"色阶"值分别为"-32""-28""-36"，单击 确定 按钮，如图 3-52 所示。效果如图 3-53 所示。

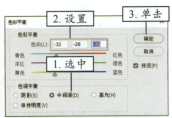

图3-50　打开素材文件　　图3-51　绘制路径并将其转换为选区　　图3-52　调整色彩平衡

（4）选择【图像】/【调整】/【曲线】命令，打开"曲线"对话框，由于整个画面存在偏蓝现象，因此在"通道"下拉列表中选择"蓝"选项。将鼠标指针移动到曲线编辑框中的曲线上，单击创建控制点并将其向下拖曳，减少图片的蓝色调，完成后单击 确定 按钮，如图 3-54 所示。

（5）返回图像编辑区，查看完成后的最终效果，如图 3-55 所示。保存文件（配套资源：效果文件\第3章\便携式风扇 .psd）。

图3-53　调整后的效果

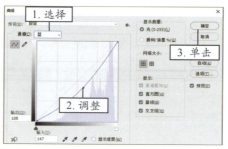

图3-54　调整"蓝"曲线

图3-55　完成后的效果

设计素养

　　网店美工在处理商品图片时，需要额外注重偏色问题，因为根据《中华人民共和国消费者权益保护法》等相关法律法规的规定，商家在发布商品图片时应确保图片的准确性和真实性，不得故意发布虚假或存在误导性的图片。如果商家发布的商品图片与实际商品存在严重色差，且未进行明确提示或说明，可能构成欺诈行为，需要承担相应的法律责任。因此，网店美工应提升自己的法律意识，避免后续因偏色问题与消费者产生纠纷。

课堂实训

实训1：调整砂糖橘商品图片光影

实训背景

微课视频

调整砂糖橘
商品图片光影

　　某生鲜网店近期拍摄的砂糖橘商品图片，整体光影灰暗，视觉效果不佳，不具备吸引力，需要调整该商品图片的光影。

实训要求

　　打开砂糖橘素材文件，原始效果如图3-56所示。对砂糖橘商品图片的光影进行调整，提升砂糖橘的亮度和对比度，使图片更加美观，从而能够吸引消费者购买。参考效果如图3-57所示。

图3-56　原始效果

图3-57　参考效果

实训思路

　　根据实训要求，需要先调整色阶，再调整亮度和对比度，最后增加自然饱和度，使整个画面更加美观。

（1）打开"砂糖橘.jpg"素材文件（配套资源：素材文件\第3章\砂糖橘.jpg），按【Ctrl+J】组合键复制图层。

（2）选择【图像】/【调整】/【色阶】命令，打开"色阶"对话框，在"阴影""中间调""高光"的数值框中分别输入"0""1.20""210"，单击 确定 按钮，发现图片已经变亮。

（3）选择【图像】/【调整】/【亮度/对比度】命令，打开"亮度/对比度"对话框，在"亮度""对比度"右侧的数值框中分别输入"24""27"，单击 确定 按钮。

（4）选择【图像】/【调整】/【自然饱和度】命令，打开"自然饱和度"对话框，在"自然饱和度""饱和度"右侧的数值框中分别输入"0""30"，单击 确定 按钮。

（5）返回图像编辑区，可发现砂糖橘的明暗度有了明显变化，并且其暗部也有了细节。保存文件（配套资源：效果文件\第3章\砂糖橘.psd）。

实训2：校正偏色的西红柿商品图片

实训背景

微课视频

校正偏色的
西红柿商品
图片

　　西红柿商品图片由于拍摄时使用的光线过黄，造成色彩偏黄，与商品的实际颜色不符，需要进行校正。

实训要求

　　打开西红柿素材文件，原始效果如图3-58所示。对西红柿的偏色部分进行校正，使图片效果更加符合实物，参考效果如图3-59所示。

图3-58　原始效果

图3-59　参考效果

实训思路

　　根据实训需求，需要先调整饱和度，再调整色调，校正偏色部分。

（1）打开"西红柿.jpg"素材文件（配套资源：素材文件\第3章\西红柿.jpg），发现图片整体色调偏黄，按【Ctrl+J】组合键复制图层。

（2）选择【图像】/【调整】/【色相/饱和度】命令，打开"色相/饱和度"对话框，在"色相"数值框中输入"–11"，单击 确定 按钮。

（3）选择【图像】/【调整】/【曲线】命令，打开"曲线"对话框，在"通道"下拉列表中选择"绿"选项。将鼠标指针移动到曲线编辑框中的曲线上，单击创建控制点并将其向下拖曳，减少西红柿偏绿的色调。

（4）在"通道"下拉列表中选择"红"选项，将鼠标指针移动到曲线编辑框中的曲线上，单击创建控制点并向下拖曳控制点，在曲线上再次单击创建控制点并向上拖曳控制点，此时可发现偏色的西红柿逐渐恢复正常。

（5）在"通道"下拉列表中选择"RGB"选项，将鼠标指针移动到曲线编辑框中的曲线上，单击创建控制点并将其向上拖曳，提升亮度，单击 确定 按钮。

（6）完成后按【Ctrl+S】组合键保存文件（配套资源：效果文件\第3章\西红柿.psd）。

课后练习

练习1：调整四件套商品图片色调

某四件套商品图片（配套资源：素材文件\第3章\四件套.jpg）存在色调偏红的情况，要求对该四件套商品图片的色调进行调整，使其恢复原本的色彩，并保存文件（配套资源：效果文件\第3章\四件套.psd）。调整前后的对比效果如图3-60所示。

图3-60　调整四件套图片前后的对比效果

练习2：调整沙发矮凳色彩

某沙发矮凳商品图片（配套资源：素材文件\第3章\沙发矮凳.jpg）存在色彩偏差的情况，要求先校正偏差的色彩，然后调整亮度和对比度，以提升图片的美观度，并保存文件（配套资源：效果文件\第3章\沙发矮凳.psd）。调整前后的对比效果如图3-61所示。

图3-61　调整沙发矮凳图片前后的对比效果

第 **4** 章

图片修饰与合成

本章导读

在网店中，商品图片的质量对吸引消费者至关重要。然而，许多商品图片可能存在一些问题，如构图不够美观、图片大小不符合需求、图片背景杂乱等，因此需要对图片进行修饰。此外，一张完整的商品图片还需要融入文本、形状与图案等元素来丰富内容。网店美工可以通过合成这些元素，或者直接替换背景，提升图片的视觉吸引力。

学习目标

- 掌握修改商品图片尺寸的方法。
- 掌握裁剪与矫正倾斜商品图片的方法。
- 掌握优化商品图片画面的方法。
- 掌握添加文本、形状与图案等的方法。
- 掌握抠取并合成商品图片的方法。

4.1　修改商品图片构图

在拍摄商品图片时，为了展现商品的细节和优势，有时会进行创意性拍摄，造成尺寸、画面构图不符合网店装修要求。某数码家电网店的手机、平板保护壳、空气净化器等商品图片就存在这样的问题，因此需要修改商品图片尺寸，裁剪商品图片细节，纠正倾斜的商品图片。

4.1.1　修改商品图片尺寸

手机商品图片需要作为主图使用，因此要将其尺寸修改为 800 像素 ×800 像素，并且要能直观地展示手机的整体外观。其具体操作如下。

微课视频

修改商品图片尺寸

（1）打开"手机.jpg"素材文件（配套资源：素材文件\第4章\手机.jpg），如图 4-1 所示。

（2）在工具箱中选择"裁剪工具"后，在工具属性栏中的"比例"下拉列表中选择"1∶1（方形）"选项，如图 4-2 所示。

（3）此时图像编辑区中将显示 1∶1 的裁剪框，拖曳裁剪框中的图片，以调整裁剪区域，如图 4-3 所示。

图4-1　打开素材文件

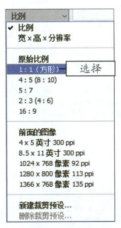

图4-2　选择裁剪比例

图4-3　调整裁剪区域

（4）按【Enter】键确定裁剪操作，裁剪后的效果如图 4-4 所示。

（5）选择【图像】/【图像大小】命令，打开"图像大小"对话框，设置"宽度"为"800"，此时高度将根据宽度自动进行调整，完成后单击 确定 按钮，完成尺寸的调整，如图 4-5 所示。最后保存文件（配套资源：效果文件\第4章\手机.jpg）。

图4-4　裁剪后的效果

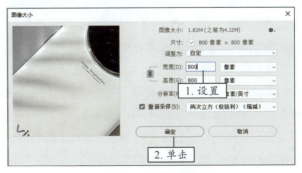

图4-5　调整图像大小

4.1.2　裁剪商品图片细节

为了展示平板保护壳的材质，增加消费者对商品的信任，可裁剪平板保护壳顶部的细节部分作为主图。其具体操作如下。

（1）打开"平板保护壳 .jpg"素材文件（配套资源：素材文件 \ 第 4 章 \ 平板保护壳 .jpg），如图 4-6 所示。

（2）选择"裁剪工具" 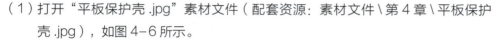，在工具属性栏中的"比例"下拉列表中选择"宽 × 高 × 分辨率"选项，在平板保护壳的顶部拖曳鼠标，框选出需要裁剪的区域，如图 4-7 所示。

（3）选区周围形成裁剪框，如图 4-8 所示。

（4）按【Enter】键确定裁剪操作，如图 4-9 所示。最后保存文件（配套资源：效果文件 \ 第 4 章 \ 平板保护壳 .jpg）。

图4-6　打开素材文件

图4-7　框选裁剪区域

图4-8　裁剪框

图4-9　裁剪后的效果

4.1.3　纠正倾斜的商品图片

空气净化器商品图片由于拍摄角度或拍摄姿势不当，导致画面倾斜，需要进行纠正，使其恢复正常。其具体操作如下。

（1）打开"空气净化器 .jpg"素材文件（配套资源：素材文件 \ 第 4 章 \ 空气净化器 .jpg），如图 4-10 所示。可以看出，拍摄的商品图片存在倾斜现象。

（2）选择"透视裁剪工具" 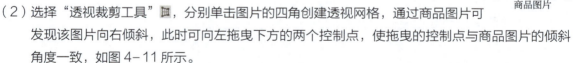，分别单击图片的四角创建透视网格，通过商品图片可发现该图片向右倾斜，此时可向左拖曳下方的两个控制点，使拖曳的控制点与商品图片的倾斜角度一致，如图 4-11 所示。

（3）确定透视角度后按【Enter】键完成商品图片倾斜的纠正操作，如图 4-12 所示。

（4）此时空气净化器左侧区域存在空白，还需再次进行调整。选择"裁剪工具"，在工具属性栏的"比例"下拉列表中选择"5：7"选项，如图 4-13 所示。

（5）此时图像编辑区中出现裁剪框，将鼠标指针移至裁剪框内，按住鼠标左键拖曳图片，调整裁剪框在图片中的位置，如图 4-14 所示。

（6）确定裁剪区域后，按【Enter】键，完成裁剪操作，效果如图 4-15 所示。保存文件（配套资源：效果文件 \ 第 4 章 \ 空气净化器 .jpg）。

图4-10　打开素材文件

图4-11　调整裁剪控制点

图4-12　纠正后的效果

图4-13　选择裁剪比例

图4-14　调整裁剪区域

图4-15　裁剪后的效果

4.2　优化商品图片画面

优化商品图片画面可以提升商品图片的整体质感和视觉效果。某数码家电网店的加湿器、随身听、蓝牙音响等商品图片存在清晰度不够、有污渍、背景突出等问题，需要针对问题和优化目的选择不同的处理方式。

4.2.1　提高商品图片清晰度

加湿器商品图片存在灰暗、模糊、轮廓不清晰的情况，很难体现该商品的轮廓和细节，因此需要通过调整图片清晰度解决这些问题。其具体操作如下。

（1）打开"加湿器.jpg"素材文件（配套资源：素材文件\第4章\加湿器.jpg），如图4-16所示。

（2）按【Ctrl+J】组合键复制图层。选择【图像】/【调整】/【去色】命令，对复制的图层进行去色处理，效果如图4-17所示。

微课视频

提高商品图片清晰度

图4-16　打开素材文件

图4-17　去色处理效果

（3）选择【滤镜】/【其他】/【高反差保留】命令，打开"高反差保留"对话框，设置"半径"为"5"，单击 确定 按钮，如图4-18所示。

（4）打开"图层"面板，设置"图层1"图层的"图层混合模式"为"叠加"，此时可发现加湿器的轮廓和细节稍微变得清晰了，如图4-19所示。

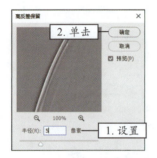

图4-18　设置高反差保留参数

图4-19　设置图层混合模式及效果展示

（5）按【Ctrl+J】组合键复制图层1，此时可发现加湿器变得更加清晰，如图4-20所示。

（6）选择【窗口】/【调整】命令，打开"调整"面板，单击"色阶"按钮█，打开"属性"面板，设置色阶值分别为"0""1.18""233"，可发现整个商品图片更加清晰，如图4-21所示。最后保存文件（配套资源：效果文件\第4章\加湿器.psd）。

图4-20　复制图层效果

图4-21　调整色阶及效果展示

📖 知识补充

高反差保留的设置技巧

　　通过"高反差保留"命令对商品轮廓进行清晰度处理时，应微调"半径"参数值，保证所处理对象的轮廓显示清楚。若处理后的效果仍不太明显，可通过多次复制图层来叠加效果，增加轮廓的清晰度。

4.2.2　清除商品图片中的污渍

随身听商品图片中有部分污渍，需要将其清除，使其恢复原本的样子。其具体操作如下。

微课视频

清除商品图片中的污渍

（1）打开"随身听.png"素材文件（配套资源：素材文件\第4章\随身听.png），如图4-22所示。

（2）使用"套索工具"$\wp$为随身听顶部右下侧污渍创建选区，如图4-23所示。

（3）选择【编辑】/【填充】命令，在"填充"对话框的"内容"下拉列表中选择"内容识别"选项，单击 确定 按钮，如图4-24所示。

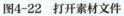

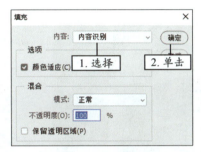

图4-22　打开素材文件　　　　图4-23　为污渍创建选区　　　　图4-24　设置内容识别填充

（4）返回图像编辑区查看污渍被清除后的效果，如图4-25所示，按【Ctrl+D】组合键取消选区。

（5）使用相同的方法为随身听顶部上方的污渍创建选区，选择"修补工具"，将选区拖曳到污渍旁边，即可覆盖并清除污渍，如图4-26所示。

（6）按【Ctrl+D】组合键取消选区，污渍被清除后的效果如图4-27所示。完成后保存文件（配套资源:\效果文件\第4章\随身听.png）。

图4-25　查看污渍被清除后的效果　　　　图4-26　修补图像　　　　图4-27　完成污渍的清除

📖 知识补充

去除商品图片中多余对象的其他方法

除了案例中运用的方法外，还可使用污点修复画笔工具、修复画笔工具、内容感知移动工具，它们的使用方法基本相同。

4.2.3　虚化商品图片背景

由于蓝牙音响商品图片中的背景太过于突出，喧宾夺主，抢夺视线，需要对蓝牙音响的背景进行虚化处理，并增加背景的亮度，使蓝牙音响商品主体更加美观、突出。其具体操作如下。

（1）打开"蓝牙音响.jpg"素材文件（配套资源：素材文件\第4章\蓝牙音响.jpg），按【Ctrl+J】组合键复制图层，如图4-28所示。

（2）在工具箱中选择"模糊工具" ，在工具属性栏中设置"画笔大小""强度"分别为"400""80%"，对背景部分进行涂抹，如图4-29所示，以模糊背景。

（3）在工具箱中选择"套索工具" ，围绕蓝牙音响部分创建一个选区，使其框选住蓝牙音响，如图4-30所示。

图4-28　打开素材文件并复制图层

图4-29　涂抹背景（1）

图4-30　创建选区

（4）选择【滤镜】/【锐化】/【USM锐化】命令，打开"USM锐化"对话框，设置"数量""半径""阈值"分别为"70""5""80"，单击 确定 按钮，如图4-31所示。

（5）返回图像编辑区后按【Ctrl+D】组合键取消选区，再选择工具箱中的"减淡工具" ，在工具属性栏中设置"画笔大小""曝光度"分别为"500""50%"，对整个背景进行涂抹，如图4-32所示，以增加亮度，使图片更加美观。

（6）按【Ctrl+J】组合键复制图层，设置"图层混合模式"为"叠加"，"不透明度"为"50%"，如图4-33所示。保存文件（配套资源：效果文件\第4章\蓝牙音响.psd）。

图4-31　锐化图片

图4-32　涂抹背景（2）

图4-33　设置复制的图层参数及效果展示

4.3　丰富图片内容

为了更直观地向消费者传达商品信息，并增加商品图片的美观性，在商品图片中添加文字、形状和图案等内容也是常用方法。下面为某数码家电网店的手机充电头、空气净化器等商品图片添加适量的设计元素，以丰富图片内容。

4.3.1　添加与美化文字

手机充电头商品图片需要体现商品的卖点信息，可考虑在商品图片的上方添加文字内容。其具体操作如下。

（1）打开"手机充电头 .jpg"素材文件（配套资源：素材文件 \ 第 4 章 \ 手机充电头 .jpg），如图 4-34 所示。

（2）选择"横排文字工具" T.，在图像编辑区的上方单击定位文本插入点，输入 "PD20W 充电器"文字，按【Enter】键分段，再继续输入"疾风新动力 为快充而生"文字，输入过程中按【Enter】键进行分段，然后单击图像编辑区的其他区域完成输入，如图 4-35 所示。

（3）选择"横排文字工具" T.，在"P"字前单击定位文本插入点，按住鼠标左键不放向右拖曳鼠标选择"PD20W 充电器"文字，选择【窗口】/【字符】命令，打开"字符"面板，设置"字体大小"为"40 点"，单击"颜色"右侧的色块，打开"拾色器（文本颜色）"对话框，设置"文本颜色"为"#ffffff"，单击 确定 按钮，返回图像编辑区，可发现文字格式发生了变化，如图 4-36 所示。

图4-34　打开素材文件

图4-35　输入文字

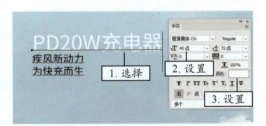

图4-36　修改首段文字格式

（4）选择"横排文字工具" T.，在"器"文字右侧按【Enter】键分段；选择"疾风新动力 为快充而生"文字，选择【窗口】/【字符】命令，打开"字符"面板，设置"字体"为"方正汉真广标简体"，"字体大小"为"78 点"，"行距"为"100 点"，"颜色"为"#ffffff"，如图 4-37 所示。

（5）按【Ctrl+A】组合键全选文字，在工具属性栏中单击"居中对齐文本"按钮 ，将文字居中对齐，如图 4-38 所示。

（6）选择"圆角矩形工具" ，在工具属性栏中设置"填充"为"#67afd7"，"描边"为"无"，"半径"为"30 像素"，然后在"PD20W 充电器"文字上方绘制 320 像素 ×74 像素的圆角矩形，调整文字图层的位置到圆角矩形图层上方，效果如图 4-39 所示。最后保存文件（配套资源：效果文件\第 4 章\手机充电头 .psd）。

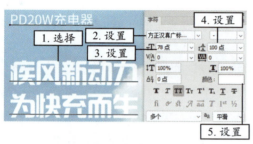
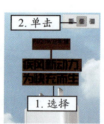

图4-37　调整其他段落文字格式　　　图4-38　居中对齐文字　　　图4-39　完成效果

📖 **知识补充**

编辑文字的技巧

在输入文字前，可按住鼠标左键不放并拖曳鼠标绘制文本框，这样便于输入与编辑数量较多的文字。在文字工具的工具属性栏中单击"切换字符和段落面板"按钮 ▤，可在打开的"字符"和"段落"面板中集中设置文字的字体、大小、颜色、间距、首行缩进、行距、段落对齐方式等格式。

4.3.2　添加形状与图案

在制作空气净化器海报时，可考虑在背景上添加形状和图案，用于凸显主要的文字信息。其具体操作如下。

微课视频

添加形状与图案

（1）按【Ctrl+N】组合键，打开"新建文档"对话框，设置"宽度"为"750 像素"，"高度"为"1300 像素"，"分辨率"为"72"，名称为"空气净化器"，单击 创建 按钮。

（2）打开"空气净化器海报 .jpg"素材文件（配套资源：素材文件\第 4 章\空气净化器海报 .jpg），使用"移动工具" ⊕，将背景素材拖曳到新建的图像文件中，调整大小和位置，如图 4-40 所示。

（3）选择"横排文字工具" T.，在工具属性栏中设置"字体"为"方正粗圆简体"，"颜色"为"#ffffff"，输入"大加湿量 ｜ 11L 大水箱 ｜ 无菌加湿"文字，调整文字大小和位置，如图 4-41 所示。

（4）选择"矩形工具" ，在工具属性栏中设置"填充"为"#6ca85e"，在"大加湿量 ｜ 11L 大水箱 ｜ 无菌加湿"文字上方绘制 440 像素 ×45 像素的矩形，然后将该矩形所在图层移动到文字图层下方，如图 4-42 所示。

图4-40　添加素材

图4-41　输入文字并调整（1）

图4-42　绘制矩形并移动图层

（5）选择"横排文字工具" T.，在工具属性栏中设置"字体"为"方正超粗黑简体"，"字体大小"为"102 点"，"颜色"为"6ca85e"，在矩形下方输入"洁净无雾　静音加湿"文字，输入过程中按【Enter】键进行分段，如图 4-43 所示。

（6）双击"洁净无雾　静音加湿"文字图层右侧的空白区域，打开"图层样式"对话框，勾选"描边"复选框，设置"大小"为"4"，"位置"为"外部"，"颜色"为"#ffffff"，单击 确定 按钮，如图 4-44 所示。

图4-43　输入文字并调整（2）

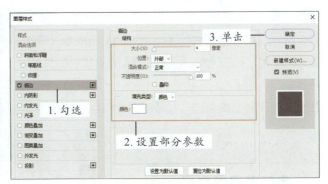
图4-44　设置图层样式

（7）选择"椭圆工具" ○.，在工具属性栏中设置"填充"为"#ffffff"，"描边"为"#6ca85e"，"描边宽度"为"5 点"，在空气净化器右侧绘制一个 150 像素 ×150 像素的圆形，效果如图 4-45 所示。

（8）选择"横排文字工具" T.，在工具属性栏中设置"字体"为"方正粗圆简体"，"颜色"为"#6ca85e"，在圆形中输入"新品首发"文字，再调整文字大小，如图 4-46 所示。

图4-45　绘制圆形

图4-46　输入文字并调整（3）

（9）选择"直线工具" ✐，设置"描边"为"#6ca85e"，"粗细"为"3点"，然后在"首发"
文字下方绘制一条直线，如图4-47所示。

（10）选择"多边形工具" ◉，在工具属性栏中设置"填充"为"#6ca85e"，"边"为"3"，"描
边"为"无"，然后在直线的中间区域绘制三角形，效果如图4-48所示。

（11）选择"自定形状工具" ☒，在工具属性栏中设置"填充"为"#ffffff"，"描边"为"#6ca85e"，
"描边宽度"为"5点"，单击"形状"下拉按钮，在打开的下拉列表中单击 ✿ 按钮，在打
开的下拉列表中选择"导入形状"选项，如图4-49所示。

图4-47　绘制直线

图4-48　绘制三角形

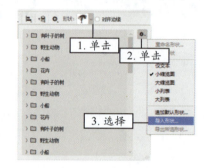

图4-49　导入形状

（12）打开"载入"对话框，在其中选择"外部形状 .csh"素材文件（配套资源：素材文件 \ 第4章 \
外部形状 .csh），单击 载入(L) 按钮，完成载入操作。

（13）返回"形状"下拉列表，可发现导入的形状已在其中显示，选择"shape 13"形状，如图4-50
所示。

（14）在空气净化器左侧单击，以确定形状的起始点，向右拖曳鼠标完成形状的绘制，如图4-51所示。

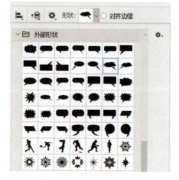

图4-50　选择形状

图4-51　绘制形状（1）

（15）使用"横排文字工具" ，输入"AI 能智能 调湿哟！"文字，然后调整字体大小、位置和颜色，效果如图 4-52 所示。

（16）设置前景色为"#fefefe"，选择"钢笔工具" ，在右上角绘制图 4-53 所示的形状，按【Ctrl+Enter】组合键创建选区，新建图层，按【Alt+Delete】组合键填充前景色。

（17）使用"横排文字工具" ，输入"品牌优选"文字，然后调整文字大小、位置和颜色，效果如图 4-54 所示。保存文件（配套资源：效果文件 \ 第 4 章 \ 空气净化器海报 .psd）。

图4-52　输入文字并调整（4）　　　图4-53　绘制形状（2）　　　图4-54　最终效果

4.4　抠取并合成商品图片

拍摄的商品图片，其内容一般比较简单，若需要打造更具有视觉吸引力的效果，可以先将商品抠取出来再进行合成处理。现需要提升某数码家电网店的耳机、榨汁机、手机膜等商品图片的视觉效果，并体现出商品的功能和卖点，可以先将商品抠取出来，再添加其他元素进行合成。

4.4.1　抠取单色背景的商品图片并合成

耳机商品图片的背景过于单调，为了提高耳机的美观性，可将耳机抠取出来，再替换到其他背景中。其具体操作如下。

微课视频

抠取单色背景的商品图片并合成

（1）打开"耳机 .png"素材文件（配套资源：素材文件 \ 第 4 章 \ 耳机 .png），选择"对象选择工具" ，在工具属性栏中依次勾选"增强边缘""减去对象"复选框，然后框选整个耳机部分，可发现耳机大部分区域已被选中，如图 4-55 所示。

（2）选择"多边形套索工具" ，在工具属性栏中单击"添加到选区"按钮 ，在耳机的右上角沿着耳机边缘将未被选中区域添加到选区中，如图 4-56 所示。

（3）选择"磁性套索工具" ，在工具属性栏中单击"添加到选区"按钮 ，在左侧听筒部分单击添加控制点，直至回到起点完成选区的添加，使用相同的方法，对其他未选中区域添加选区，如图 4-55 所示。

图4-55　创建选区

图4-56　使用多边形套索工具添加选区

（4）完成耳机选区的创建后，为了使创建的选区边缘平滑，还需设置羽化半径。按【Shift+F6】组合键，在打开的"羽化选区"对话框中设置"羽化半径"为"1"，单击 确定 按钮，如图 4-58 所示。

图4-57　使用磁性套索工具添加选区

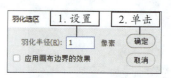

图4-58　设置羽化半径

（5）打开"耳机背景 .png"素材文件（配套资源：素材文件 \ 第 4 章 \ 耳机背景 .png），切换到"耳机"素材文件，选择"移动工具" ✛，拖曳耳机选区到耳机背景中，按【Ctrl+T】组合键打开变换框，在按住【Shift】键的同时，向左下方拖曳右上角的控制点等比例缩小图片，移动耳机到背景的合适位置，如图 4-59 所示。

（6）双击耳机所在图层右侧的空白区域，在打开的"图层样式"对话框中勾选"投影"复选框，设置"颜色""不透明度""角度""距离""扩展""大小"分别为"#323434""40""128""10""10""15"，如图 4-60 所示，单击 确定 按钮。

（7）保存文件（配套资源：效果文件 \ 第 4 章 \ 耳机海报 .psd），效果如图 4-61 所示。

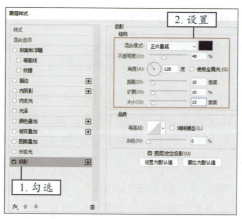

图4-59　替换背景　　　　　　图4-60　设置投影　　　　　　图4-61　最终效果

AI快速抠取商品是一种利用智能算法分析图像并自动去除背景的方法。常用的工具有奇客水印AI去除器、水印云、WatermarkRemover等。这些工具具有高效检测并去除背景的能力，不留痕迹且支持多种文件格式，如JPEG、PNG、BMP、GIF、TIFF、MP4和AVI等。但注意在使用AI快速抠取商品时，应在法律范围内负责任地使用，避免侵权问题。

4.4.2 复杂商品图片抠图与合成

拍摄的榨汁机商品图片背景不太美观，可将榨汁机抠取出来，添加到其他背景图片中，再添加说明信息，合成完整的宣传海报。其具体操作如下。

微课视频

复杂商品图片
抠图与合成

（1）打开"榨汁机.jpg"素材文件（配套资源：素材文件\第4章\榨汁机.jpg），如图4-62所示。

（2）选择"钢笔工具" ✐，在工具属性栏中设置工具模式为"路径"，在榨汁机边缘单击以确定起点，然后在榨汁机周围单击并不断拖曳鼠标创建路径。若是边缘存在弧度，可在单击后按住鼠标左键不放，拖曳鼠标以调整弧度，如图4-63所示。

图4-62 打开素材文件　　　　　图4-63 绘制路径

（3）继续沿着榨汁机边缘创建锚点，当起点与终点完全结合时，完成路径的创建，如图4-64所示。

（4）由于创建的锚点存在与商品不贴合的情况，此时可在按住【Ctrl】键不放的同时拖曳需要调整的锚点，使路径与商品精确贴合，如图4-65所示。

（5）按【Ctrl+Enter】组合键将路径转换成选区，按【Shift+F6】组合键，在打开的"羽化选区"对话框中设置"羽化半径"为"1"，单击 确定 按钮，如图4-66所示。

图4-64 完成路径创建　　　图4-65 调整路径　　　图4-66 设置羽化半径

（6）打开"榨汁机背景.jpg"素材文件（配套资源：素材文件\第4章\榨汁机背景.jpg），切换到"榨汁机.jpg"素材文件，使用"移动工具" ⊕ 拖曳榨汁机选区到榨汁机背景中，调整位置和大小，如图4-67所示。

（7）按【Ctrl+J】组合键复制图层，设置"图层1拷贝"图层的"图层混合模式"为"颜色加深"，"不透明度"为"30%"，如图4-68所示。

（8）依次打开"白花.png""橙子.png"素材文件（配套资源：素材文件\第4章\白花.png、橙子.png），使用"移动工具" ⊕ 将素材拖曳到榨汁机的旁边，调整大小和位置，完成后保存文件（配套资源：效果文件\第4章\榨汁机宣传海报.psd）。最终效果如图4-69所示。

图4-67　拖曳榨汁机选区到背景
并调整位置和大小

图4-68　设置图层参数

图4-69　最终效果

4.4.3　抠取半透明商品图片并合成

制作手机膜海报时，手机膜商品图片是半透明的，需要在不影响手机膜通透性特点的同时，保证其轮廓清晰。可考虑使用钢笔工具和通道抠取手机膜，再替换背景并添加文字和图形。其具体操作如下。

微课视频

抠取半透明
商品图片并
合成

（1）打开"手机膜.jpg"素材文件（配套资源：素材文件\第4章\手机膜.jpg），如图4-70所示。按【Ctrl+J】组合键复制背景图层。

（2）由于手机膜需要展示透光性，为了方便后期将透光感抠取出来，可先增加明暗对比度。按【Ctrl+M】组合键打开"曲线"对话框，在曲线编辑框的曲线上单击并向下拖曳鼠标，降低亮度，完成后单击 确定 按钮，如图4-71所示。

（3）选择"钢笔工具" ⌀，设置"工具模式"为"路径"，沿着手机膜轮廓绘制路径，如图4-72所示，打开"路径"面板，双击路径打开"存储路径"对话框，设置"名称"为"路径1"，单击 确定 按钮，如图4-73所示。

（4）按【Ctrl+Enter】组合键将绘制的路径转换为选区，单击"通道"面板中的"将选区储存为通道"按钮 ▣ 创建"Alpha 1"通道，此时选区自动填充为白色，选择"Alpha 1"通道，如图4-74所示。

图4-70 打开素材文件

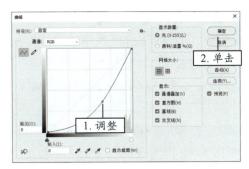

图4-71 调整曲线

图4-72 绘制路径

图4-73 存储路径

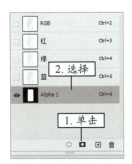

图4-74 将选区储存为通道

（5）在黑白对比更鲜明的"红"通道上单击鼠标右键，在弹出的快捷菜单中选择"复制通道"命令，打开"复制通道"对话框，保存默认设置，单击 确定 按钮，得到"红 拷贝"通道，隐藏原"红"通道，选择"红 拷贝"通道，如图4-75所示。按【Ctrl+D】组合键取消选区。

（6）选择【图像】/【计算】命令，打开"计算"对话框，设置"源2"通道为"Alpha 1"，设置"混合"为"减去"，"不透明度"为"95"，单击 确定 按钮，如图4-76所示。

（7）在"通道"面板底部单击"将通道作为选区载入"按钮 载入通道的手机膜选区，效果如图4-77所示。

图4-75 复制通道

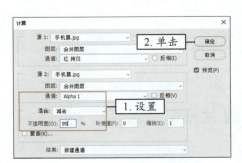

图4-76 计算通道

图4-77 载入通道

📋 知识补充

认识"计算"命令

"计算"命令允许混合两个来自同一个或多个源图像的单个通道，并将结果应用到新图像、新通道或现有图像的选区中。该命令在抠取图像时提供了很高的灵活性和精度，特别是在需要基于像素属性（如亮度、色相、饱和度等）进行复杂操作时。

（8）切换到"图层"面板，保持选择"图层1"图层，按【Ctrl+J】组合键复制选区到"图层2"图层上，隐藏其他图层，查看抠取的手机膜效果，如图4-78所示。

（9）打开"手机膜背景.jpg"素材文件（配套资源：素材文件\第4章\手机膜背景.jpg），切换到"手机膜.jpg"素材文件，将抠取好的手机膜拖曳到"手机膜背景.jpg"素材文件中，调整大小与位置，如图4-79所示。

（10）由于抠取后的手机膜只有大致的轮廓，若需要更好地展示手机膜，可显示并选择"图层1"图层，按【Ctrl+J】组合键复制图层，选择复制后的图层，设置"图层混合模式"为"划分"，按两次【Ctrl+J】组合键复制图层，可发现手机膜效果更加明显，最终效果如图4-80所示。保存文件（配套资源：效果文件\第4章\手机膜海报.psd）。

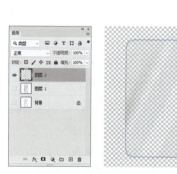

图4-78　查看抠取的手机膜效果　　　图4-79　添加抠取好的手机膜　　　图4-80　最终效果

课堂实训

实训1：修改冰鲜鱼商品图片尺寸

实训背景

某生鲜网店需要上新一款冰鲜鱼，但拍摄的商品图片不符合主图规范，为此网店需要对冰鲜鱼商品图片进行处理。

实训要求

修改冰鲜鱼商品图片的尺寸为800像素×800像素，并且修改后的效果要能直观地展示冰鲜鱼商品。图4-81所示为冰鲜鱼商品原图，图4-82所示为修改后的效果。

图4-81 冰鲜鱼商品原图

图4-82 修改后的效果

实训思路

根据实训目标，需要先进行裁剪操作，再进行图像大小的调整。

（1）打开"冰鲜鱼.jpg"素材文件（配套资源：素材文件\第4章\冰鲜鱼.jpg）。

（2）在工具箱中选择"裁剪工具"后，在工具属性栏中的"比例"下拉列表中选择"1：1（方形）"选项。

（3）此时图像编辑区中将显示1：1的裁剪框，拖曳裁剪框中的图片，调整裁剪区域。

（4）按【Enter】键确定裁剪的操作。

（5）选择【图像】/【图像大小】命令，打开"图像大小"对话框，设置"宽度"为"800"，此时高度将根据宽度自动进行调整，完成后单击 确定 按钮，完成尺寸的调整。最后保存文件（配套资源：效果文件\第4章\冰鲜鱼.jpg）。

实训2： 优化菠萝商品图片画面

实训背景

某菠萝商品图片中有多余的枇杷，为了凸显主题，需要先去除画面中多余的枇杷，再对整体色调进行调整。

微课视频
优化菠萝商品
图片画面

实训要求

图4-83所示为菠萝商品原图，要求先去除画面中多余的枇杷，然后提升其亮度、对比度，保证商品图片的清晰、美观。完成后的效果如图4-84所示。

图4-83 菠萝商品原图

图4-84 完成后的效果

实训思路

根据实训目标，需要先去除枇杷并对污点进行修复，最后调整商品图片的整体色彩效果。

（1）打开"菠萝.jpg"素材文件（配套资源：素材文件＼第4章＼菠萝.jpg），按【Ctrl+J】组合键
复制图层。

（2）选择"修补工具" ，框选右侧的枇杷，并将其向左拖曳，即可对画面进行修复。

（3）使用"污点修复画笔工具" ，在去除枇杷后的区域进行涂抹，去除残留的黄色污点。

（4）打开"调整"面板，单击"亮度/对比度"按钮 ，打开"亮度/对比度"调整面板，设置"亮
度""对比度"分别为"80""-22"。

（5）打开"调整"面板，单击"色相/饱和度"按钮 ，打开"色相/饱和度"调整面板，设置"色
相""饱和度""明度"分别为"-10""-10""0"。

（6）完成后保存文件（配套资源：效果文件＼第4章＼菠萝.psd），并查看完成后的效果。

实训3： 抠取沃柑并合成沃柑焦点图

实训背景

微课视频

抠取沃柑
并合成沃柑
焦点图

近期沃柑大量上市，某生鲜网店顺势开售该商品，现准备制作一张沃柑商品的焦
点图，来展示沃柑的卖点。但是拍摄的沃柑商品图片不太美观，需要进行处理使其符
合需求。

实训要求

沃柑商品的原图背景过于单调，考虑先将沃柑抠取出来，然后将其运用到提供的背景图中，再
输入文字，并绘制形状，以丰富图片内容。图4-85所示为沃柑商品的原始图片，图4-86所示为
处理后的参考效果。

图4-85　沃柑商品的原始图片

图4-86　处理后的参考效果

实训思路

根据实训目标，需要先抠取沃柑，再添加其他元素，合成焦点图。

（1）打开"沃柑.jpg"素材文件（配套资源：素材文件\第4章\沃柑.jpg）。选择"魔棒工具"，在工具属性栏中设置"容差"为"10"，然后在沃柑的背景处单击，再按【Ctrl+Shift+I】组合键反向选择选区，此时可发现沃柑被选择。

（2）打开"沃柑焦点图背景.jpg"素材文件（配套资源：素材文件\第4章\沃柑焦点图背景.jpg）。切换到"沃柑.jpg"素材文件，使用"移动工具"拖曳沃柑选区到沃柑焦点图背景中，调整大小和位置。

（3）选择"横排文字工具"，在工具属性栏中设置"字体"为"思源黑体 CN"，"字体样式"为"Bold"，"颜色"为"#ff6d0b"，在沃柑上方输入"新鲜沃柑""当季水果推荐"文字，调整文字大小和位置。

（4）新建图层，选择"钢笔工具"，设置工具模式为"路径"，在文字的右侧绘制形状，按【Ctrl+Enter】组合键将绘制的路径转换为选区，并填充为"#b0ce49"颜色。

（5）选择"横排文字工具"，在工具属性栏中设置"字体"为"思源黑体 CN"，"字体样式"为"Bold"，"颜色"为"#fdf7f0"，在形状上方输入"一件8折起"文字，调整文字大小和位置，并旋转文字，使其倾斜显示。

（6）新建图层，选择"钢笔工具"，设置工具模式为"路径"，在"一件8折起"文字下方绘制路径，按【Ctrl+Enter】组合键将绘制的路径转换为选区，并填充为"#b0ce49"颜色。

（7）完成后保存文件（配套资源：效果文件\第4章\沃柑焦点图.psd）。

课后练习

练习1：去除枕头商品图片污渍

由于拍摄的枕头商品图片（配套资源：素材文件\第4章\枕头.jpg）存在有污渍的情况，需要去除污渍，使其恢复原本的样子，去除枕头商品图片污渍的前后对比效果如图4-87所示。最后保存文件（配套资源：效果文件\第4章\枕头.jpg）。

图4-87　去除枕头商品图片污渍的前后对比效果

练习2： 合成羽绒被海报

　　使用提供的羽绒被商品图片（配套资源：素材文件 \ 第 4 章 \ 羽绒被 .jpg）合成羽绒被海报，要求合成的海报能体现羽绒被的具体信息，视觉效果具备美观度和识别性，参考效果如图 4-88 所示。最后保存文件（配套资源：素材文件 \ 第 4 章 \ 羽绒被海报 .psd ）。

图4-88　羽绒被海报效果

第 **5** 章

主图和推广图设计与制作

本章导读

　　推广图作为电商营销中的核心元素，其设计质量和效果直接关系到商品的点击率、流量及最终的销量。在淘宝等电商平台中，推广图的形式多种多样，包括搜索页中的商品主图及万相台中的关键词推广图和人群推广图等。每种推广图都有其独特的设计要求和制作方法，网店美工需要根据不同平台的特点和规则，结合商品自身的属性和卖点，有针对性地进行设计与制作。

学习目标

- 了解商品主图的类型和设计技巧。
- 掌握商品主图的设计规范和制作方法。
- 掌握关键词推广图的设计要点和制作方法。
- 掌握人群推广图的设计要点和制作方法。

5.1 主图设计与制作

电商平台搜索结果页面中显示的商品图片便是主图。主图还经常出现在网店首页、网店活动页和商品详情页等位置，对引导消费者进店起着关键性的作用。对于商家而言，主图的效果几乎直接决定着网店的流量，因此必须做好主图的设计。

5.1.1 常见的主图类型

制作主图时需要先确定主图的类型，然后根据类型的特点进行设计与制作。

- **单色背景主图**：单色背景主图是天猫、京东等平台较为常规的一种主图类型。使用单色背景主图可以更清晰地展示商品外观、细节、颜色等信息，重点突出商品本身，让消费者快速、直接地获取到商品信息，如图5-1所示。

图5-1 单色背景主图

- **场景化主图**：场景化主图是指将商品展示在真实的使用环境中，如图5-2所示；或根据商品的特点，为其搭建生活化的场景，以直接体现商品的使用范围和适宜人群，同时让消费者直观地感受到商品的实际使用效果，产生对商品的使用联想，从而增加购买商品的概率。

图5-2 场景化主图

- **卖点式主图**：商品卖点包括商品突出的功能、作用、特点及促销优惠等，是消费者十分关注的信息。很多商家在通过主图展示商品时，会搭配文案，针对商品卖点进行展示，吸引消费者点击，如图5-3所示。使用卖点展示主图时需注意，文案应简单清晰，便于阅读，要控制好文字的数量和排版方式，防止被平台判定为主图不规范（如图片质量不佳、尺寸和格式有问题、信息展示不规范、违反著作权或商标规定、不符合广告法规、产品主体不突出、与实物不符等），从而对商品进行降权。

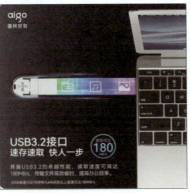

图5-3　卖点式主图

- **组合式主图**：组合式是指将一个商品的多个细节或同系列的多个商品组合在一张主图中展示。组合式主图可以多方面展示商品信息，如同时展示商品细节、商品全部颜色或样式等，如图5-4所示。

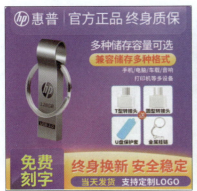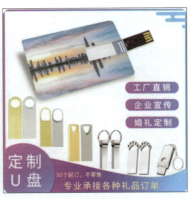

图5-4　组合式主图

5.1.2　主图的设计技巧

消费者在浏览主图时速度一般都较快，因此如何让主图脱颖而出成功吸引到消费者是制作优质主图的关键。以下是主图的常用设计技巧。

- **突出核心卖点**：明确商品的核心特色或优势，并通过图片和文案直接传达给消费者，确保卖点清晰、独特，能够迅速吸引目标消费者的注意力。图5-5所示的洗衣机主图，通过文案"循环闪烘 超快烘干"让商品的卖点得到展现。
- **具有创意性**：运用创新思维，以新颖、有趣的方式展示商品。通过独特的视角、场景或布局，让主图在众多主图中脱颖而出。图5-6所示的主图，左图通过冷冻场景，突出商品的新鲜卖点，右图通过手按下鞋垫的效果，体现鞋垫的舒适感，从而凸显"防脚痛"的卖点。

图5-5　突出核心卖点的主图　　　　　　　　图5-6　具有创意性的主图

- **商品大小适中**：确保商品在主图中占据合适的比例，既不过于拥挤也不过于空旷。图 5-7 所示将主要文字放于左侧，右侧则为监视器主图，大小合适，能直观地凸显商品的外观。

- **简化信息**：避免在主图中添加过多的文案或图片元素，以免分散消费者的注意力。保持背景简洁干净，确保主图信息传达清晰明了。图 5-8 所示的主图下方为商品，上方为信息介绍，并通过"值'哭'了"文案，凸显优惠。

- **使用高质量图片**：选择高清、高质的图片来展示商品，确保图片质量符合电商平台的要求。注意图片的亮度和对比度，确保商品细节清晰可见。图 5-9 所示的主图质量高，商品清晰美观。

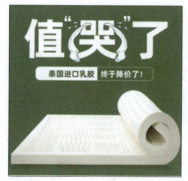

图5-7　商品大小适中的主图　　　图5-8　简化信息的主图　　　图5-9　使用高质量图片的主图

5.1.3　商品主图设计规范

主图规范主要包括尺寸规范和数量规范，设计时应该根据平台、网店类目、商品特点来抉择。

- **尺寸规范**：淘宝 PC 端主图的尺寸是 800 像素 ×800 像素；移动端竖向主图的长宽比一般为 2 : 3，常见尺寸为 800 像素 ×1200 像素。京东平台的主图尺寸为 800 像素 ×800 像素。拼多多平台的主图尺寸为 740 像素 ×352 像素。为了不重复制作，网店美工在制作 PC 端主图时一般采用 800 像素 ×800 像素的通用尺寸，分辨率选择 72 像素 / 英寸，大小尽量控制在 3MB 以内。

- **数量规范**：在拼多多平台上，商品的主图包括 1 个主图视频和 10 张主图图片。首张主图会在搜索页面中显示，因此需要重点制作；而第 2 ～ 5 张主图内容为商品；第 6 ～ 10 张主图内容为消费者对商品的评价。而淘宝平台和京东平台则采用 5 张主图图片的模式，或"1 个主图视频 +5 张主图图片"的模式。

5.1.4　制作蓝牙音响主图

为一款蓝牙音响制作 PC 端主图，采用组合式主图，展示蓝牙音响的参数信息，并使用文案体现蓝牙音响的卖点、价格和优惠。其具体操作如下。

微课视频

制作蓝牙音响主图

（1）新建大小为"800 像素 ×800 像素"、分辨率为"72 像素 / 英寸"、名称为"蓝牙音响主图"的文件。选择"矩形工具" ，在工具属性栏中单击"填充"右侧的色块，在打开的下拉列表中单击"渐变"按钮 ，在下方设置渐变颜色为"#495774"～"#6f82ac"，如图 5-10 所示。然后在图像编辑区中绘制"800 像素 ×800 像素"的矩形，如图 5-11 所示。

（2）选择"椭圆工具" ，在工具属性栏中单击"填充"右侧的色块，在打开的下拉列表中单击"渐变"按钮 ，在下方设置渐变颜色为"#ffffff"～"透明"，然后在图像编辑区中绘制"1003 像素 ×1003 像素"的渐变圆，如图 5-12 所示。

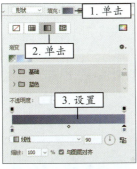
图5-10　设置渐变颜色

图5-11　绘制矩形

图5-12　绘制渐变圆

（3）打开"图层"面板，选择圆图层，设置"图层混合模式"为"滤色"，设置"不透明度"为"50%"，如图 5-13 所示。效果如图 5-14 所示。

（4）打开"光 .png"素材文件（配套资源：素材文件 \ 第 5 章 \ 光 .png），将其移至主图左侧，调整大小和位置，如图 5-15 所示。

图5-13　设置圆图层

图5-14　设置圆图层效果

图5-15　添加并调整素材

（5）选择【滤镜】/【模糊】/【高斯模糊】命令，打开"提示"对话框，单击 转换为智能对象(C) 按钮。打开"高斯模糊"对话框，设置"半径"为"15"，单击 确定 按钮，如图 5-16 所示。

（6）选择"矩形工具" ，在工具属性栏中单击"填充"右侧的色块，在打开的下拉列表中单击"渐变"按钮 ，在下方设置渐变颜色为"#9ca8b7"～"#d8e1ec"～"#7f8d9d"，设置"渐变角度"为"0"，如图 5-17 所示。然后在图像编辑区中绘制"790 像素 ×190 像素"的渐变矩形，如图 5-18 所示。

图5-16　设置高斯模糊参数

图5-17　设置渐变效果

图5-18　绘制渐变矩形

（7）选择"椭圆工具" ，在工具属性栏中单击"填充"右侧的色块，在打开的下拉列表中单击"渐变"按钮 ，在下方设置渐变颜色为"#ecf4fd"～"#c3cce3"，设置"渐变角度"为"0"。然后在图像编辑区中绘制"790 像素 ×137 像素"的渐变椭圆，如图 5-19 所示。

（8）双击渐变椭圆所在图层，打开"图层样式"对话框，勾选"内阴影"复选框，设置"混合模式"为"柔光"，"颜色"为"#ffffff"，"角度"为"-117"，"距离"为"3"，"大小"为"2"，单击 确定 按钮，如图 5-20 所示。

图5-19　绘制渐变椭圆

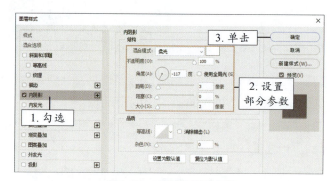

图5-20　设置内阴影参数

（9）选择"钢笔工具" ，在工具属性栏的"工具模式"下拉列表中选择"形状"选项，单击"填充"右侧的色块，在打开的下拉列表中单击"渐变"按钮 ，在下方设置渐变颜色为"#afbdcf"～"#d8e1ec"～"#7e8b9c"，设置"渐变角度"为"0"，然后在图像编辑区中绘制图 5-21 所示的形状。

（10）新建图层，设置前景色为"#818e9f"，选择"画笔工具" ，在工具属性栏中设置"画笔样式"为"柔边圆"，设置"画笔大小"为"130"，然后在形状的下方绘制投影效果，并将投影效果所在图层移动到形状图层下方，投影效果如图 5-22 所示。

（11）选择"椭圆工具" ，在工具属性栏中单击"填充"右侧的色块，在打开的下拉列表中单击"渐变"按钮 ，在下方设置渐变颜色为"#f4f9ff"～"#d7e1eb"，设置"渐变角度"为"-18"，然后在图像编辑区中绘制"512 像素 ×89 像素"的椭圆，如图 5-23 所示。

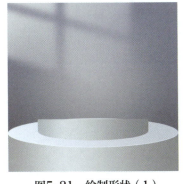

图5-21　绘制形状（1）

图5-22　投影效果

图5-23　绘制椭圆

（12）打开"蓝牙音响 .png"素材文件（配套资源：素材文件 \ 第 5 章 \ 蓝牙音响 .png），将其移至主图中间，调整大小和位置，如图 5-24 所示。

（13）新建图层，选择"钢笔工具"，在音响素材的下方绘制带弧度的投影路径，将路径转换为选区，选择"渐变工具"，设置渐变颜色为"#2c354c"～"透明"，从左向右拖曳填充渐变颜色，如图 5-25 所示。

（14）选择音响图层，单击"创建新的填充或调整图层"按钮，在打开的下拉列表中选择"色阶"选项，打开"色阶"属性面板，设置调整值为"31""1.86""217"，如图 5-26 所示，按【Ctrl+Alt+G】组合键创建剪贴蒙版。

图5-24　添加音响素材并调整

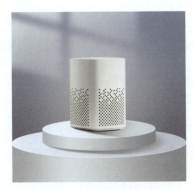

图5-25　绘制音响投影

图5-26　设置色阶参数

（15）选择"圆角矩形工具"，在工具属性栏中设置渐变颜色为"#b0a1ff"～"#94c9fb"，设置"渐变角度"为"0"，"半径"为"30 像素"，在图像编辑区左侧绘制"363 像素 ×45 像素"的圆角矩形，如图 5-27 所示。

（16）选择"钢笔工具"，在工具属性栏的"工具模式"下拉列表中选择"形状"选项，单击"填充"右侧的色块，在打开的下拉列表中单击"渐变"按钮，设置渐变颜色为"#ffffff"～"#e7fcff"，设置"渐变角度"为"0"，在圆角矩形的下方绘制图 5-28 所示的形状。

（17）新建图层，选择"渐变工具"，在工具属性栏中设置渐变颜色为"#66aeef"～"#a891ff"，从左到右拖曳填充渐变颜色。选择"钢笔工具"，在"工具模式"下拉列表中选择"路径"选项，在图像上方绘制路径，按【Ctrl+Enter】组合键将路径转换为选区，再按【Delete】键删除选区，效果如图 5-29 所示。

图5-27 绘制圆角矩形

图5-28 绘制形状（2）

图5-29 删除选区效果

（18）新建图层，选择【编辑】/【描边】命令，打开"描边"对话框，设置"宽度"为"5像素"，"颜色"为"#ffffff"，选中"居中"单选项，然后单击 **确定** 按钮，如图 5-30 所示。选择新建的图层，设置"不透明度"为"70%"，取消选区，效果如图 5-31 所示。

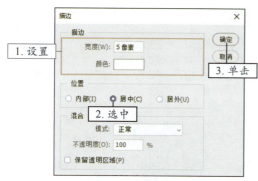

图5-30 设置描边参数

图5-31 设置不透明度后的效果

（19）选择"钢笔工具" ，在工具属性栏的"工具模式"下拉列表中选择"形状"选项，单击"填充"右侧的色块，在打开的下拉列表中单击"渐变"按钮，设置渐变颜色为"#6bacf0"～"#ac97ff"，设置"渐变角度"为"100"，"描边"为"#ffffff"，"描边宽度"为"3点"。在主图的右下角绘制形状，效果如图 5-32 所示。

（20）使用"横排文字工具" T，输入标题文字和相应的说明文字，设置"字体"为"思源黑体CN"，"文字样式"为"Bold"，效果如图 5-33 所示。

图5-32 绘制形状（3）

图5-33 输入文字后的效果

（21）单击"创建新的填充或调整图层"按钮 ◐，在打开的下拉列表中选择"曲线"选项，打开"属性"面板，在曲线编辑框的曲线上单击添加两个控制点，拖曳控制点，调整图像的明暗对比度，如图 5-34 所示。

（22）此时可发现整个图像的对比度增强，完成后保存文件（配套资源：效果文件 \ 第 5 章 \ 蓝牙音响主图 .psd）。最终效果如图 5-35 所示。

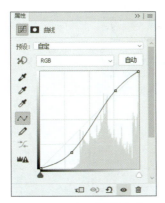

图5-34　设置曲线参数

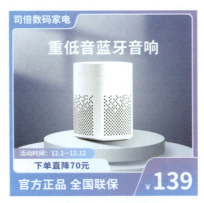

图5-35　最终效果

5.2　关键词推广图设计与制作

关键词推广（原直通车推广）是淘宝平台提供的一种付费推广方式，按点击量收费，消费者点击关键词推广图一次则扣一次费用。关键词推广图不但能吸引消费者关注商品，还能提高网店的流量和商品的成交量，对商品的成交量有决定性作用。

5.2.1　关键词推广图的设计要点

关键词推广图与主图一样，显示在搜索结果页面，尺寸一般为 800 像素 ×800 像素，其视觉设计侧重于单个商品的信息传递或销售诉求，肩负着为商品引流的重任，既要有很好的视觉效果，也要介绍并宣传商品。网店美工在制作关键词推广图时应遵循以下设计要点。

- **主题简洁精确**：主题要紧扣消费者诉求，简洁精确，为了便于消费者阅读，主题的字数应尽量控制在 8 个字以内。
- **构图合理**：关键词推广图的构图要符合消费者从左至右、从上至下、先中间后两边的视觉流程，图文搭配比例要恰当，颜色搭配需和谐。应用文字时，文字的排列方式、行距、样式等要整齐统一，并通过改变文字大小或者颜色来清晰地呈现信息的层次。
- **具有吸引力**：使用独特的拍摄手法、简洁的文案，以及商品与道具的精美搭配，使关键词推广图产生与众不同的设计效果，让关键词推广图从图海中脱颖而出，吸引消费者的注意力。

图 5-36 所示为一款小米手机的关键词推广图，该图片采用左右构图的方式，左侧为文字，右侧为手机图，内容直观、简洁，并通过放大主题文字的方式，展现该手机的型号，商品卖点信息简洁精准，便于识别。

图5-36　小米手机关键词推广图

5.2.2　制作吸尘器关键词推广图

微课视频

制作吸尘器
关键词推广图

某数码家电网店准备对一款吸尘器商品进行推广，需要制作该商品的关键词推广图。要求背景具有科技感，重点展现"立省 99 元""30 天免费试用"卖点，提升消费者对该商品的好感度，构图采用左右构图，左侧为卖点展示，右侧为吸尘器商品展示，整体画面简洁、内容直观。具体操作步骤如下。

（1）新建大小为"800 像素 ×800 像素"、分辨率为"72 像素 / 英寸"、名称为"吸尘器关键词推广图"的文件。

（2）选择"矩形工具" ，在工具属性栏中设置渐变颜色为"#379ae6"～"#005694"，设置"渐变角度"为"89"，在图像编辑区中绘制"510 像素 ×723 像素"的矩形，如图 5-37 所示。

（3）单击鼠标右键，在弹出的快捷菜单中选择"斜切"命令，向上拖曳右下角的锚点，如图 5-38 所示。

（4）使用与步骤（2）、（3）相同的方法，在图像的右侧绘制矩形并调整左下角的锚点，使其形成墙角的立体效果，如图 5-39 所示。

图5-37　绘制矩形

图5-38　调整锚点

图5-39　绘制墙角的另一边

（5）打开"吸尘器 .png"素材文件（配套资源：素材文件 \ 第 5 章 \ 吸尘器 .png），将其移至关键词推广图的右侧，调整大小和位置，效果如图 5-40 所示。

（6）按【Ctrl+J】组合键复制吸尘器素材，按住【Ctrl】键不放，单击"图层 1 拷贝"图层前的缩略图，创建选区，设置前景色为"#3e4041"，按【Alt+Delete】组合键，填充前景色，如图 5-41 所示。

（7）选择【滤镜】/【模糊】/【高斯模糊】命令，打开"高斯模糊"对话框，设置"半径"为"8"，单击 确定 按钮，如图 5-42 所示。

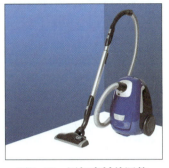
图5-40　添加素材并调整

图5-41　填充前景色

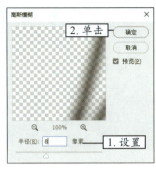
图5-42　设置高斯模糊参数

（8）将"图层 1 拷贝"图层拖曳到"图层 1"图层下方，设置"不透明度"为"50%"，选择复制后的图层，向右拖曳使其形成投影效果，如图 5-43 所示。

（9）选择"圆角矩形工具" ，在工具属性栏中设置"填充"为"#cc0d1f"，"描边"为"无"，"半径"为"30 像素"，在图像编辑区下方绘制"255 像素 ×50 像素"的圆角矩形，如图 5-44 所示。

（10）选择"矩形工具" ，在工具属性栏中设置"填充"为"#1470b3"，"描边"为"无"，在圆角矩形上方绘制"210 像素 ×90 像素"的矩形，按【Ctrl+Alt+G】组合键创建剪贴蒙版，效果如图 5-45 所示。

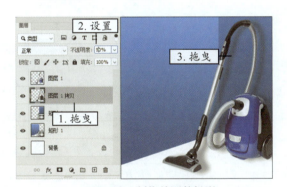
图5-43　制作并调整投影

图5-44　绘制圆角矩形

图5-45　绘制矩形并创建剪贴蒙版后的效果

（11）使用"横排文字工具" ，输入文字，设置"字体"为"思源黑体 CN"，"文字样式"为"Bold"，如图 5-46 所示。

（12）选择"圆角矩形工具" ，在工具属性栏中设置"填充"为"#ffffff"，"描边"为"无"，"半径"为"30 像素"，在"30 天免费试用"文字下方绘制"317 像素 ×61 像素"的圆角矩形，修改"30 天免费试用"文字颜色为"#1874b7"，如图 5-47 所示。

（13）双击"立省"图层后的空白区域，打开"图层样式"对话框，勾选"渐变叠加"复选框，设置渐变颜色为"#ffffff"～"#b9e1ff"，"角度"为"135"，"缩放"为"103"，如图 5-48 所示，单击 确定 按钮。

（14）选择"立省"图层，单击鼠标右键，在弹出的快捷菜单中选择"拷贝图层样式"命令，然后选择"99 元"图层，单击鼠标右键，在弹出的快捷菜单中选择"粘贴图层样式"命令，粘贴图层样式，效果如图 5-49 所示。

图5-46　输入文字并调整

图5-47　绘制圆角矩形
并修改文字颜色

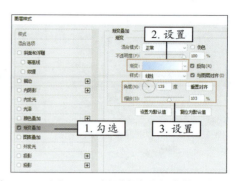

图5-48　设置渐变叠加参数

（15）选择"立省""99元""30天免费试用"及下方的圆角矩形，按【Ctrl+G】组合键创建图层组。选择该图层组，单击鼠标右键，在弹出的快捷菜单中选择"转换为智能对象"命令。选择智能对象，按【Ctrl+T】组合键，单击鼠标右键，在弹出的快捷菜单中选择"透视"命令，如图5-50所示。

（16）拖曳左下角的锚点，可发现文字形成透视效果，在拖曳时可参考墙的方向，完成后保存文件（配套资源：效果文件\第5章\吸尘器关键词推广图.psd）。最终效果如图5-51所示。

图5-49　粘贴图层样式

图5-50　选择"透视"命令

图5-51　最终效果

设计素养

关键词推广图主要用于商品引流，相对于商品主图，其查看人数更多。因此，网店美工在设计关键词推广图时，应认真核对卖点信息、优惠内容的准确性，避免误导消费者。卖点信息必须实事求是，不能虚假宣传，以免降低消费者对网店的信任度。

5.3　人群推广图设计与制作

人群推广（原引力魔方推广）是用于在移动端淘宝中进行商品推广和促销的一种付费推广方式，全面覆盖了消费者购买前、购买中、购买后的消费全链路，是激发消费者需求的重要入口。网店美工在制作人群推广图前需要先了解人群推广图的尺寸规范与设计要点、布局方式，然后再进行推广图设计。

5.3.1　人群推广图的尺寸规范与设计要点

人群推广图虽然尺寸多样，如800像素×800像素、800像素×1200像素、513像素×750像素、750像素×1000像素，但设计要点一致，具体如下。

- **主体突出**：人群推广图中须有商品主体，不得出现无实物主体、纯文字素材描述。商品主体应清晰、突出，装饰元素、文案及行动按钮不能遮挡商品主体的重要细节。
- **营销目标明确**：投放人群推广图的营销目标很多，如上新、引流，预热大型活动，以及品牌形象宣传等。因此，在人群推广图的设计制作中，首先需要明确营销目标，针对目标来设计与制作，这样才能保证人群推广图的效果符合营销目标，达到预期的效果。
- **形式美观**：形式美观的人群推广图更能获得消费者好感，从而提高点击率。当选择好素材和规划好创意后，美化人群推广图尤为重要。
- **内容易识别**：人群推广图应尽量使用简短、精练的文字来描述广告内容，避免冗长和复杂的句子。在设计上，突出关键词，将广告中的关键词用加粗、加大字体等方式突出显示，以便目标消费者能够快速捕捉到重要信息。在字体选择上，选择易读性强的字体，避免使用过于花哨或难以辨认的字体。

5.3.2　人群推广图的布局方式

人群推广图在设计时是有结构和层次的，不同的布局将呈现不同的视觉焦点。若视觉焦点分散或布局不理想，很容易造成信息错乱，让消费者难以抓住重点。人群推广图的常用布局方式主要有以下8种。

- **两栏式**：图片和文案分两栏排列，即左文右图或左图右文。中心主体一般占整个画面的70%，在文案排版上往往通过大小对比与色彩对比来突显层次。
- **三栏式**：中间文字、两边图片以不同大小位置摆放；或两边文字、中间图片，使其形成空间感，适合多个商品或者多色彩的展示。
- **上下式**：上文下图或上图下文，主要用于多系列商品的促销活动，通常适合尺寸较小且呈正方形显示的展位。
- **正反三角形式**：三角形的中间为文字，商品通常放于文字后方或下方，三角形的立体感强、空间感强、安全感强，形式上稳定可靠。
- **垂直式**：在画面中平均分布各个商品，由于所占比重相同，秩序感强，更适合多个商品、多色系或多个角度的展示。
- **斜切式**：斜切式能让整个画面富有张力，并让主体和需要表达的内容更醒目，通常需要对文字与商品透视对齐。
- **渐次式**：渐次式是指对多个商品进行渐次式排列，由远及近，由大及小，构图稳定，空间层次更加丰富，给消费者以更为自然舒适的感觉。
- **放射式**：由一个视觉中心点放射出关键内容，具有极强的透视感，特别适用于大型促销活动的人群推广图。

5.3.3　制作智能手表人群推广图

制作智能手表
人群推广图

　　制作智能手表人群推广图，要求尺寸为 800 像素 ×1200 像素，采用上下式布局方式，上方为文字说明，下方为商品展示，整个效果采用蓝色为主色调，主体突出，效果美观，具有识别性。具体操作步骤如下。

（1）新建大小为"800 像素 ×1200 像素"、分辨率为"72 像素 / 英寸"、名称为"智能手表人群推广图"的文件。

（2）打开"推广图背景 .png""操作台 .png"素材文件（配套资源：素材文件 \ 第 5 章 \ 推广图背景 .png、操作台 .png），将其拖曳到图像中，调整大小和位置，如图 5-52 所示。

（3）由于操作台的色调与背景的色调不一致，应调整其色彩，使色彩统一。选择操作台所在图层，单击"创建新的填充或调整图层"按钮，在打开的下拉列表中选择"色彩平衡"选项，打开"属性"面板，设置调整值为"-19""-26""+71"，如图 5-53 所示，按【Ctrl+Alt+G】组合键创建剪贴蒙版，效果如图 5-54 所示。

图5-52　添加素材并调整

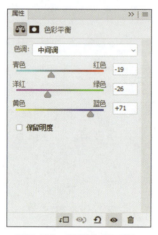
图5-53　设置色彩平衡

图5-54　调整色彩后的效果

（4）打开"智能手表 .png"素材文件（配套资源：素材文件 \ 第 5 章 \ 智能手表 .png），将其拖曳到图像中，调整大小和位置，如图 5-55 所示。

（5）使用"横排文字工具"，输入文字，设置"字体"为"思源黑体 CN"，"文字样式"为"Bold"，如图 5-56 所示。

（6）选择"圆角矩形工具"，在工具属性栏中设置渐变颜色为"#bdcce8"～"#558dec"，设置"渐变角度"为"2"，"半径"为"30 像素"，在"1.60 寸高清大屏"文字的下方绘制"360 像素 ×63 像素"的圆角矩形，如图 5-57 所示。

（7）双击"大视野 新布局"图层后的空白区域，打开"图层样式"对话框，勾选"描边"复选框，设置"大小"为"2"，"位置"为"外部"，"不透明度"为"50"，"颜色"为"#ffffff"，如图 5-58 所示。

（8）勾选"内发光"复选框，设置"混合模式"为"滤色"，"不透明度"为"30"，"颜色"为"#2584ed"，"方法"为"柔和"，"阻塞"为"32"，如图 5-59 所示。

图5-55　添加手表素材文件

图5-56　输入文字

图5-57　绘制圆角矩形

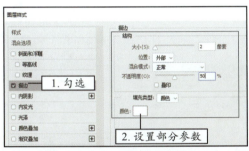

图5-58　设置描边参数

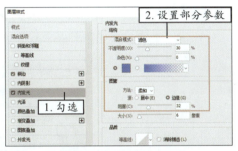

图5-59　设置内发光参数

（9）勾选"投影"复选框，设置"颜色"为"#1866e9"，"不透明度"为"35"，"距离"为"10"，"扩展"为"7"，"大小"为"4"，单击 确定 按钮，如图5-60所示。

（10）选择"直线工具" ，在"24h监测心率血压血氧"文字两侧绘制"填充"为"#6d87b9"、"描边"为"无"、大小为"140像素×3像素"的直线，完成后保存文件（配套资源：效果文件\第5章\智能手表人群推广图.psd）。最终效果如图5-61所示。

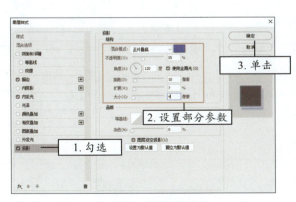

图5-60　设置投影参数

图5-61　最终效果

课堂实训

实训1：制作千禧果主图

实训背景

　　在当前快速发展的电商市场中，消费者对生鲜商品的需求日益增长，那些新鲜、健康、品质上乘的农产品更是备受消费者青睐。为了满足这一市场需求，某生鲜网店决定推出一款新鲜千禧果的促销活动，旨在通过优质的商品和优惠的价格，吸引更多消费者关注和购买。

实训要求

　　制作千禧果主图时，要求参考卖点式主图，展示千禧果的参数信息，并使用文案体现千禧果的卖点和价格的优惠，参考效果如图 5-62 所示。

图5-62　千禧果主图效果

实训思路

　　根据实训目标，需要先制作千禧果主图背景，然后添加素材和文字。

（1）新建大小为"800 像素 ×800 像素"、分辨率为"72 像素 / 英寸"、名称为"千禧果主图"的文件。设置"前景色"为"#82a946"，按【Alt+Delete】组合键填充前景色。

（2）在工具箱中选择"椭圆工具" ⚪，在工具属性栏中设置"填充"为"#e3f5c7"，在图像编辑区绘制大小为"160 像素 ×160 像素"和"600 像素 ×600 像素"的两个圆形。

（3）选择大椭圆所在图层，按【Ctrl+J】组合键复制图层。再次选择"椭圆工具" ⚪，在工具属性栏中设置"填充"为"无"，"描边"为"#e3f5c7"，"描边大小"为"25 点"，修改椭圆的尺寸为"690 像素 ×690 像素"。

（4）选择"自定形状工具" ⚘，在工具属性栏中单击"填充"右侧的下拉按钮，在打开的下拉列表中单击"渐变"按钮 ▣，设置渐变颜色为"#b6d08e"～"#f4fce7"。在"形状"下拉列表中选择"艺术效果 10"选项，返回图像编辑区，在描边椭圆的左上角绘制所选择的形状。

（5）打开"千禧果 .png"素材文件（配套资源：素材文件\第 5 章\千禧果 .png），将其拖曳到圆中。

（6）双击千禧果所在图层，打开"图层样式"对话框，勾选"投影"复选框，设置"颜色"为"#82a946"，"角度"为"102"，"距离"为"10"，"扩展"为"13"，"大小"为"27"，单击 确定 按钮。

（7）新建图层，选择"钢笔工具" ，在主图左上角绘制路径，按【Ctrl+Enter】组合键将路径转换为选区，并填充颜色为"#c00323"。

（8）再次新建图层，选择"钢笔工具" ，在主图左上角的图层上方绘制路径，按【Ctrl+Enter】组合键将路径转换为选区，并填充颜色为"#f30b32"。

（9）选择"横排文字工具" ，在主图左上角形状内输入"农家生鲜"文字，再在"字符"面板中设置"字体"为"汉仪橄榄体简"，"字体大小"为"60 点"。

（10）选择"横排文字工具" ，在工具属性栏中设置"字体"为"汉仪中圆简"，"字体大小"为"35 点"。在步骤（4）绘制的形状上单击确定输入点，在其上输入"新鲜·美味·更够味"文字，完成后选择文字并将其向上拖曳以调整文字位置。

（11）选择"直排文字工具" ，在工具属性栏中设置"字体"为"汉真广标"，"字体大小"为"100 点"，"文本颜色"为"#ffffff"，在图片的左侧输入"新鲜""千禧果"文字。

（12）选择"直线工具" ，在"新鲜"文字的两侧绘制两条斜线，并设置"填充"为"#ffffff"。

（13）选择"矩形工具" ，在工具属性栏中设置"填充"为"#7ea341"，"描边"为"#aad26c"，"描边大小"为"10 点"，在主图的下方绘制"850 像素 ×270 像素"的矩形。

（14）选择"椭圆工具" ，在工具属性栏中设置"填充"为"#ffffff"，"描边"为"#aad26c"，"描边大小"为"10 点"，在矩形右侧绘制"260 像素 ×260 像素"的圆。

（15）选择"横排文字工具" ，在工具属性栏中设置"字体"为"汉仪中圆简"，在矩形内输入"领券满 199 元减 30 元"文字，调整其大小、位置和颜色。

（16）选择"横排文字工具" ，在工具属性栏中设置"字体"为"汉仪超粗黑简"，在圆内输入"活动价"文字，调整其大小、位置和颜色。

（17）选择"直线工具" ，在"活动价"文字的下方绘制一条直线，并设置"填充"为"#54702a"。

（18）使用"横排文字工具" ，在圆内输入"￥19"文字，选择"圆角矩形工具" ，在"￥19"文字的下方绘制"160 像素 ×30 像素"的圆角矩形，并设置"填充"为"#f30b32"。

（19）选择"横排文字工具" ，在圆角矩形内输入"点击购买 >"，在工具属性栏中设置"字体"为"汉仪综艺体简"，调整文字大小、位置和颜色。

（20）保存文件（配套资源：效果文件\第 5 章\千禧果主图 .psd）。

实训2：制作辽参人群推广图

实训背景

随着生活水平的提高，人们对海鲜商品的品质和口感要求也越来越高。某生鲜网店为了满足广大消费者对高品质海鲜的需求，准备上新一款辽参，并为其制作尺寸为 800 像素 ×1200 像素的人群推广图。

微课视频

制作辽参人群推广图

实训要求

在设计时以蓝色为主色，采用上下式布局方式，下方为商品图片，上方为主题文字。以"大连新鲜辽参"为主题，吸引消费者浏览，然后通过"24 小时速发""新鲜辽参——下单立减 10 元""《本草纲目拾遗》推荐"文字体现卖点，参考效果如图 5-63 所示。

图5-63　辽参人群推广图

实训思路

根据实训要求，需要先添加辽参人群推广图背景，然后输入描述文字。

（1）新建大小为"800 像素 ×1200 像素"、分辨率为"72 像素/英寸"、名称为"辽参人群推广图"的文件。

（2）打开"辽参.jpg"素材文件（配套资源：素材文件\第 5 章\辽参.jpg），将辽参图片拖曳至"辽参人群推广图"文件中，调整图片大小和位置。

（3）选择"圆角矩形工具" ▣，在工具属性栏中设置"填充"为"#ffffff"，"半径"为"30 像素"，然后绘制大小为"300 像素 ×100 像素"的圆角矩形。

（4）选择"横排文字工具" T，在工具属性栏中设置"字体"为"汉仪超粗黑简"，"字体大小"为"45 点"，"文本颜色"为"#718eb0"，在圆角矩形中输入"24 小时速发"文字。

（5）选择"横排文字工具" T，在工具属性栏中设置"字体"为"方正超粗黑简体"，"文本颜色"为"#ffffff"，输入"大连新鲜辽参"文字，调整文字大小和位置。

（6）双击"大连新鲜辽参"文字图层，打开"图层样式"对话框，勾选"内阴影"复选框，设置"颜色"为"#1f0101"，"不透明度"为"35"，"距离"为"3"，"大小"为"7"。

（7）勾选"投影"复选框，设置"颜色"为"#58aef7"，"不透明度"为"75"，"距离"为"10"，"大小"为"13"，单击 确定 按钮。

（8）选择"圆角矩形工具" ▣，在工具属性栏中设置"填充"为"#ffffff"，"半径"为"30 像素"，绘制大小为"370 像素 ×60 像素"的圆角矩形。选择"圆角矩形工具" ▣，在工具属性栏中取消填充，设置"描边"为"#718eb0"，"描边大小"为"1 像素"，在"描边选项"下拉列表中选择第 2 种描边样式，然后在圆角矩形的中间绘制大小为"354 像素 ×52 像素"的圆角矩形。

（9）选择"横排文字工具" T. ，在工具属性栏中设置"字体"为"汉仪超粗黑简"，"文本颜色"为"#55870a"，在圆角矩形中输入"《本草纲目拾遗》推荐"文字并调整位置。

（10）新建图层，使用"钢笔工具" ⏧. 在图片下方绘制路径，将其转换为选区后，填充"#6996c9"颜色，取消选区。

（11）选择绘制形状所在的图层后，按住【Alt】键不放向下拖曳该形状，以复制该形状，然后按住【Ctrl】键不放单击复制所得形状的图层缩略图使其呈选区状态显示，然后填充"#c0dfe4"颜色，并在其中输入"新鲜辽参——下单立减10元"文字。

（12）保存文件（配套资源：效果文件\第5章\辽参人群推广图.psd）。

课后练习

练习1：制作床品关键词推广图

某家居网店准备制作新品床的关键词推广图，要求利用提供的素材（配套资源：素材文件\第5章\床.jpg）制作，并在其中添加满减信息和活动价内容，以及床的卖点，如安全环保、简约时尚等，参考效果如图5-64所示。保存文件（配套资源：效果文件\第5章\床品关键词推广图.psd）。

练习2：制作双人沙发人群推广图

利用提供的素材（配套资源：素材文件\第5章\双人沙发.png、草坪.jpg）为"特屿森"家居品牌制作一张竖版人群推广图，要求以商品图片为主，文案能概述品牌理念、吸引消费者点击，整体风格典雅，参考效果如图5-65所示。保存文件（配套资源：效果文件\第5章\双人沙发人群推广图.psd）。

图5-64　床品关键词推广图

图5-65　双人沙发人群推广图

第 6 章

视频设计与制作

本章导读

　　视频是一种常见的视觉营销表达形式。无论是淘宝、京东，还是其他电商平台的商家，都越来越多地采用视频的形式展示商品。这是因为相较于文字和图片，视频可以快速传递商品信息，展现品牌形象，让消费者更直观地了解商品，促使消费者下单，最终提高商品销量。

学习目标

- 掌握视频的类型和制作要求。
- 了解视频制作流程。
- 掌握导入并裁剪视频的方法。
- 掌握编辑视频的方法。
- 掌握制作视频封面并导出视频的方法。

6.1　视频的类型、制作要求和制作流程

在电商平台中，视频以其独特的魅力和优势崭露头角，成为商品展示和营销推广的得力助手。因此，网店美工有必要学习视频的制作方法，在此之前应先了解视频的类型，并掌握视频的制作要求和流程。

6.1.1　视频的类型

根据视频的内容与目的，可将视频分为以下3种类型。

- **商品展示视频**：通过直接展示商品的外观、材质、设计技术、操作方法、穿戴效果等内容，让消费者快速获取商品的详细信息。图6-1所示为一款智能手环的商品展示视频，通过展示智能手环芯片、功能、配件，向消费者详细介绍商品。

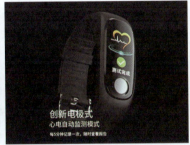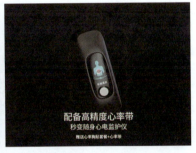

图6-1　商品展示视频

- **描述使用方法视频**：通过展示商品的使用方法让消费者能够更加清楚该商品的操作方法。该类视频通常针对需要二次加工的商品，如自热火锅、烹饪材料等商品。图6-2所示为某卤料包的视频，视频中展示使用卤料包卤制鸡蛋的全过程，方便消费者了解卤料包的使用方法。

图6-2　描述使用方法视频

- **品牌宣传视频**：通过宣传品牌基本信息、实力、信誉等方面的内容，打响企业名号，起到品牌宣传的作用。该类视频常针对较为出名的企业。图6-3所示为林氏家居的品牌宣传视频，该视频从沙发椅商品入手，展示林氏家居的实力，从而达到品牌宣传的目的。

图6-3　品牌宣传视频

6.1.2　视频的制作要求

　　视频主要通过主图、首页和商品详情页进行展示，由于展示位置的不同，其制作要求也各有差异，如视频大小、尺寸、时长等。掌握视频的制作要求可避免因不符合要求而导致视频无法正常使用的情况。

1.　主图视频要求

　　主图视频是一种通过视频的形式来展示商品的方式。它通常以动态、直观的方式补充和丰富商品的展示内容。在商品购买页中，主图视频通常被放置在第一张主图之前（见图6-4），以便让消费者在浏览商品时能够更全面地了解商品的外观、功能和使用效果等信息，以达到提升消费者的购买欲望、促进销售的目的。

图6-4　主图视频

- **主图视频大小**：不超过 300MB。
- **主图视频尺寸**：建议分辨率大于 1280 像素 ×720 像素（又称 720P，采用这种分辨率的视频为高清视频），比例可为 1∶1、16∶9 或 4∶3。
- **主图视频时长**：小于 60 秒，建议在 30 秒以内。
- **主图视频格式**：WMV、AVI、MPG、MPEG、3GP、MOV、MP4、FLV、F4V、M2T、MTS、RMVB、VOB、MKV（阿里巴巴平台目前仅支持 MP4 格式）。
- **主图视频内容**：视频中需无水印，无二维码，商家 Logo 不得以角标或水印的形式出现，无"牛皮癣"，无外部网站信息。视频内容必须与商品相关，不能是纯娱乐或纯搞笑段子，不建议将电子相册式翻页图片作为视频内容。

📖 **知识补充**

视频中的"牛皮癣"

视频中的"牛皮癣"主要指：画面具有多个文字区域且大面积铺盖画面，干扰消费者正常查看商品；文字区域的颜色过于醒目，且面积过大易分散注意力；文字区域在视频中央，透明度高，妨碍消费者正常观看视频。

2. 首页和商品详情页视频要求

首页视频和商品详情页视频，主要是指以视频形式在首页和商品详情页中补充展示品牌特色和商品优势，或者展示商品在实际使用中的效果，以增加消费者对商品或网店的了解和好感度，首页视频如图 6-5 所示。

图6-5 首页视频

- **视频大小**：不超过 300MB。
- **视频尺寸**：分辨率建议尽量为 1280 像素 ×720 像素，比例为 16∶9 或 4∶3。
- **视频时长**：1 ～ 3 分钟。

首页和商品详情页视频的格式和内容要求与主图视频一致，这里不赘述。

⚙️ **设计素养**

《中华人民共和国广告法》旨在规范广告活动，保护消费者的合法权益，促进广告业的健康发展，并维护社会经济秩序。网店美工在制作视频时，必须确保制作效果符合广告法的相关规定，不能因盲目追求销售量而忽略法律法规，视频内容要符合大众审美，严禁带有色情引导，地域、性别、职业等歧视性内容，以及虚假夸大、博人眼球等不良因素。

6.1.3 视频的制作流程

制作视频通常有导入并剪辑视频、编辑视频、制作封面并导出视频 3 个步骤，网店美工可根据该流程进行操作，以快速完成视频的制作。

1. 导入并剪辑视频

在剪辑视频前需要先将使用的视频素材导入剪映中。可将一段完整的视频素材裁剪为多段内容，以便调换视频片段的顺序，或删除不需要的视频片段。

2. 编辑视频

编辑视频包括添加特效、添加转场、添加字幕和添加音频等操作，具体操作可根据实际需求而定。

- **添加特效**：为视频添加特效，可使视频视觉效果更加精彩纷呈、丰富多彩。
- **添加转场**：为了使不同视频片段的衔接更加流畅，网店美工还可在其中添加转场。
- **添加字幕**：适当添加字幕可以让消费者便于理解内容。
- **添加音频**：添加音频，并对音频进行裁剪，删除多余音频内容，不仅提升了视频的观赏性和吸引力，还增强了商品信息的传达效果。

3. 制作封面并导出视频

编辑视频完成后，可根据需求制作视频封面，然后保存和导出视频，以防视频文件丢失或损坏。为视频添加封面不但可以提升消费者对视频的好感度、增加点击率、展示视频主要内容、增加专业性，在某些情况下，视频封面图还可能被搜索引擎收录，从而增加视频在搜索结果中的曝光率。

6.2 导入并剪辑视频

在视频制作过程中，视频素材的导入是不可或缺的重要环节，它为后续的编辑操作提供了基础素材。随后进行的剪辑操作，则是对原始素材的精细化处理，旨在剔除冗余的内容，凸显关键信息，使视频内容更为凝练且引人入胜。

某数码家电网店准备为一款音响制作商品展示类的主图视频，主要展示音响的各项功能。在编辑视频前，需要先新建草稿并导入素材，然后对视频素材进行剪辑。

6.2.1 新建草稿并导入素材

制作音响主图视频首先需要在剪映专业版中新建草稿，要求音响主图视频的制作比例为 16∶9，分辨率为 1280 像素 ×720 像素，然后导入并剪辑音响素材。具体操作步骤如下。

（1）启动剪映，单击 <kbd>开始创作</kbd> 按钮创建草稿，在打开的工作界面中单击 <kbd>导入</kbd> 按钮，如图 6-6 所示，打开"请选择媒体资源"对话框，选择图 6-7 所示

微课视频

新建草稿并
导入素材

的素材（配套资源：素材文件\第6章\"音响主图"文件夹），单击 打开(O) 按钮导入素材。

图6-6 单击"导入"按钮

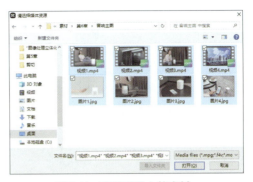

图6-7 选择要导入的素材

（2）在工作界面右侧的"草稿参数"面板中单击 修改 按钮，打开"草稿设置"对话框，输入"草稿名称"为"音响主图视频"，在"分辨率"下拉列表中选择"自定义"选项，设置"长""宽"分别为"1280""720"，如图6-8所示。

（3）单击"性能"选项卡，单击"代理模式"右侧的 ⬤▬ 按钮，使其呈 ▬⬤ 状态，再单击 保存 按钮，如图6-9所示。

📇 知识补充

认识"代理模式"功能

"代理模式"功能可以用于提高在剪映专业版中剪辑视频的流畅程度，且不影响导出视频的质量。

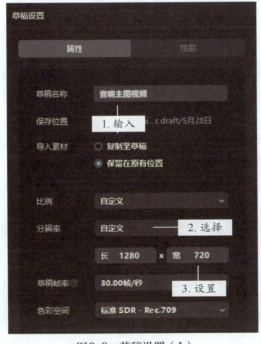

图6-8 草稿设置（1）

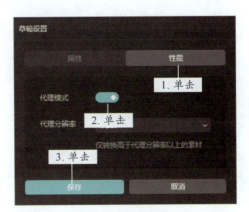

图6-9 草稿设置（2）

6.2.2 剪辑视频

导入素材后，可在"时间轴"面板中剪辑素材，调整每段素材的大小、位置、时长和顺序等，使内容更符合需要。具体操作步骤如下。

（1）由于图片的尺寸过小，不能填满画面，因此需要先调整图片大小。将导入的"图片 2.jpg"素材拖曳到"时间轴"面板中的时间指示器的右侧，在"播放器"面板中单击添加的图片，再通过拖曳控制点放大图片，使其覆盖"播放器"面板，如图 6-10 所示。

（2）将时间指示器移至 00:00:03:00 处，按【Ctrl+B】组合键分割素材，选中分割后的后半段素材，按【Delete】键删除，如图 6-11 所示。

图6-10 放大图片

图6-11 删除分割后的后半段素材

（3）将导入的"图片 3.jpg"素材拖曳到"时间轴"面板中的时间指示器的右侧，在"播放器"面板中调整图片大小。将时间指示器移至 00:00:06:00 处，按【Ctrl+B】组合键分割素材，选中分割后的后半段素材，按【Delete】键删除。

（4）添加"图片 1.jpg"素材到"时间轴"面板，然后调整图片大小并将时间指示器移至 00:00:10:00 处，分割素材，选中分割后的后半段素材，按【Delete】键删除。添加"图片 4.jpg"素材到时间轴，然后调整图片大小，并将时间指示器移至 00:00:13:00 处，分割素材，选中分割后的后半段素材，按【Delete】键删除，如图 6-12 所示。

（5）将导入的"视频 3.mp4"素材拖曳到"时间轴"面板中的时间指示器的右侧，将时间指示器移至 00:00:20:10 处，按【Ctrl+B】组合键分割素材，选中分割后的后半段素材，按【Delete】键删除，如图 6-13 所示。

图6-12 添加并剪辑素材

图6-13 剪辑"视频3"素材

（6）将导入的"视频1.mp4""视频2.mp4""视频4.mp4"素材拖曳到"时间轴"面板中的时间指示器的右侧，选择"视频1.mp4"，将时间指示器移至00:00:22:00处，按【Ctrl+B】组合键分割素材，选中分割后的后半段素材，按【Delete】键删除。选择"视频2.mp4"，将时间指示器移至00:00:43:10处，按【Ctrl+B】组合键分割素材，选中分割后的后半段素材，按【Delete】键删除。选择"视频4.mp4"，将时间指示器移至00:00:50:00处，按【Ctrl+B】组合键分割素材，选中分割后的后半段素材，按【Delete】键删除，如图6-14所示。

（7）在"时间轴"面板中选中"视频3.mp4"素材，在工作界面右上角单击"变速"选项卡，在"常规变速"选项卡中设置"倍数"为"2.0×"，如图6-15所示。

图6-14 剪辑其他视频素材

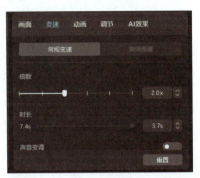

图6-15 设置"视频3"素材的倍数

（8）使用与步骤（7）相同的方法设置"视频2.mp4""视频4.mp4"素材的"倍数"为"2.0×"，如图6-16所示。

图6-16 设置其他视频素材的倍数

6.3 编辑视频

视频剪辑完成后，可发现视频被分割成不同片段，但视频不够连贯，也不够美观，此时需要对视频进行编辑，如添加特效、滤镜、转场、字幕、音频等，优化视频的效果，解决上述问题。

6.3.1 添加特效和滤镜

为了优化片头和片尾的视觉效果，网店美工可为第一个素材制作开幕效果，并为最后一个素材添加闭幕效果，同时为第一个素材添加滤镜。具体操作步骤如下。

（1）将时间指示器移至00:00:00:00处，在轨道中选择"图片2.jpg"素材。单击"特

微课视频

添加特效和滤镜

效"选项卡，在下方的"热门"列表中，选择"开幕"特效（选择剪映自带素材后，将会自动下载该素材），单击其下方的 ⊕ 按钮，自动在时间轴上方添加特效，在时间轴上方选择特效，向右拖曳鼠标设置特效的终止时间为 00:00:02:00，如图 6-17 所示。

图6-17　添加特效（1）

（2）将时间指示器移至 00:00:29:00 处，在轨道中选择"视频 4.mp4"素材，选择"渐隐闭幕"特效，单击其下方的 ⊕ 按钮，自动在时间轴上方添加特效，在"特效"面板中，设置"速度"为"60"，然后在时间轴上方选择该特效，向右拖曳鼠标设置特效的终止时间为 00:00:32:10，如图 6-18 所示。

图6-18　添加特效（2）

（3）将时间指示器移至 00:00:00:00 处，在轨道中选择"图片 2.jpg"素材，单击"滤镜"选项卡，在下方的"精选"列表中，选择"气泡水"滤镜，单击其下方的 ⊕ 按钮，自动在时间轴上方添加滤镜，在"滤镜"面板中，设置"强度"为"100"，在时间轴上方选择添加的滤镜，向右拖曳鼠标设置滤镜的终止时间为 00:00:13:00，如图 6-19 所示。

图6-19 添加滤镜

6.3.2 添加转场

为了使图片之间的衔接更加流畅，网店美工可在各个图片间添加转场。具体操作步骤如下。

（1）将时间指示器移至 00:00:03:00 处，单击"转场"选项卡，在下方的"热门"列表中，选择"向左"转场，单击其下方的按钮，将自动在两图片间添加转场，如图 6-20 所示。

（2）将时间指示器移至 00:00:06:00 处，选择"向左擦除"转场，单击其下方的按钮，将自动在两图片间添加转场，如图 6-21 所示。

微课视频

添加转场

图6-20 添加转场（1）

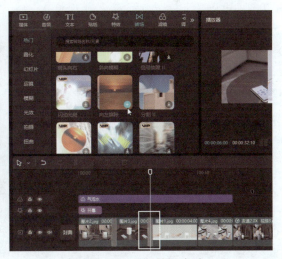

图6-21 添加转场（2）

（3）将时间指示器移至 00:00:10:00 处，选择"水波卷动"转场，单击其下方的按钮，将自动在两图片间添加转场，在"转场"面板中设置"时长"为"1.0s"，如图 6-22 所示。

图6-22 添加转场（3）

6.3.3 添加字幕

为了更直观地介绍音响的卖点，如"可听音乐、语音遥控家电的人工智能音响""智能设备控制""大音量还原出色听感""语音控制 IoT 平台设备""拥有1600+ 生活技能。你的生活，交给小 W 打理"等，网店美工可在视频中添加这些卖点。具体操作步骤如下。

微课视频

添加字幕

（1）将时间指示器移至 00:00:02:00 处，单击"文本"选项卡，在左侧列表中选择"新建文本"，在右侧列表中选择"默认文本"文字模板，单击 按钮，将文字模板添加到轨道中。

（2）在右侧的"文本"面板中输入"可听音乐、语音遥控家电的人工智能音响"，设置"字号"为"7"，在时间轴上选择文字，向右拖曳鼠标设置文字的终止时间为 00:00:06:00，在"播放器"面板中，拖曳文本框到左上角，如图 6-23 所示。

图6-23 设置字幕参数

（3）使用与步骤（1）、（2）相同的方法和参数，在 00:00:07:00 处输入"智能设备控制"文字；在 00:00:13:00 处输入"大音量还原出色听感"文字；在 00:00:18:10 处输入"语音控制 IoT 平台设备"文字；在 00:00:23:04 处输入"拥有 1600+ 生活技能。你的生活，交给小 W 打理"文字。并调整所有文字在"播放器"面板中的位置，效果如图 6-24 所示。

图6-24　添加其他字幕效果

补充知识

字幕调整技巧

在添加字幕时，字幕的大小与样式应综合考虑当前视频的内容与商品所要表达的效果，以确保字幕大小适中、颜色与整体风格协调。

6.3.4　添加音频

剪映自带庞大的音频素材库，包括各种背景音乐、音效等。网店美工可为音响主图视频添加舒缓的背景音乐，但由于使用的某些视频带有音效，因此在添加背景音乐前，需要先删除已有的音效。具体操作步骤如下。

微课视频

添加音频

（1）在时间轴上选择"视频 2.mp4"素材，单击鼠标右键，在弹出的快捷菜单中选择"分离音频"命令，可发现视频中的音频被分离出来。使用相同的方法，分离"视频 4.mp4"素材中的音频，效果如图 6-25 所示。

（2）依次选择分离后的音频，按【Delete】键删除。

图6-25　分离音频

（3）将时间指示器移至 00:00:00:00 处，单击"音频"选项卡，在"音乐素材"栏中选择"释放多巴胺气息"素材，单击该素材右下角的 ⊕ 按钮，该素材即被自动添加至"时间轴"面板的音频轨道中，如图 6-26 所示。

图6-26　添加音频

（4）选中"释放多巴胺气息"素材，在最后一个视频素材的末尾处分割该素材，并删除分割后的后半段素材。选中留下的"释放多巴胺气息"素材，在"音频"面板中单击"基础"选项卡，设置"淡出时长"为"3.0s"，如图 6-27 所示。

图6-27　设置音频的淡出时长

6.4　制作封面并导出视频

视频编辑完成后，可为其制作封面，然后将整个视频导出为 mp4 格式，方便后期上传操作。

6.4.1　制作封面

在剪映中可直接指定某帧作为封面背景图，以便用户制作封面。下面将为音响主图视频制作封面。具体操作步骤如下。

微课视频

制作封面

（1）单击时间轴左侧的 封面 按钮，打开"封面选择"面板，选择要作为封面的帧，然后单击 去编辑 按钮，如图 6-28 所示。

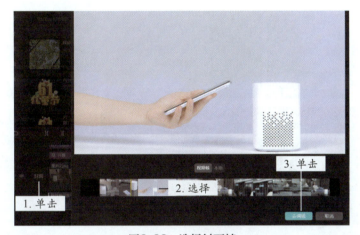

图6-28　选择封面帧

（2）打开"封面设计"面板，选择合适的模板，右侧编辑框会显示该模板对应的效果，删除不需要的文本框，然后单击剩余的文字框并输入文字内容，单击 完成设置 按钮，完成封面的制作，如图 6-29 所示。

图6-29　设计封面

6.4.2 导出视频

完成音响主图视频封面的制作后，便导出视频。具体操作步骤如下。

微课视频

（1）单击 导出 按钮，打开"导出"对话框，勾选"封面添加至视频片头"复选框，单击"导出至"选项后的 按钮，打开"请选择导出路径"对话框，设置保存路径后，单击 选择文件夹 按钮，返回"导出"对话框，在"帧率"下拉列表中选择"24fps"选项，最后单击 导出 按钮。

导出视频

微课视频

（2）导出进度条消失后，单击 关闭 按钮，便可在保存路径文件夹中查看导出的视频（配套资源：效果文件\第6章\"音响主图视频"文件夹），效果如图6-30所示。

效果预览

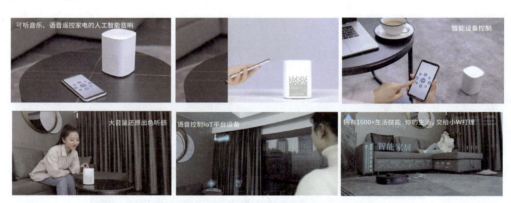

图6-30　音响主图视频效果

课堂实训——制作千禧果主图视频

实训背景

微课视频

某生鲜网店需要制作千禧果的主图视频，用于向消费者展示商品清新自然、新鲜美味、营养丰富的卖点。

制作千禧果
主图视频

实训要求

效果预览

制作千禧果主图视频时，要求展现千禧果的鲜艳外观、诱人口感及独特魅力，搭配"酸甜多汁 营养丰富""新鲜味美"等文字，吸引消费者，增强其购买欲望。主图视频参考效果如图6-31所示。

图6-31　千禧果主图视频效果

图6-31　千禧果主图视频效果（续）

实训思路

根据实训需求，需要先裁剪视频，再编辑视频并添加字幕，最后导出视频。

（1）创建草稿，进入剪映工作界面，单击"导入"按钮➕，打开"请选择媒体资源"对话框，选择"1.mp4"～"3.mp4"素材文件（配套资源：素材文件\第6章\1.mp4～3.mp4），单击 打开(O) 按钮，在界面左上角显示导入的视频，框选所有视频素材，按住鼠标左键不放将视频拖曳到时间轴上。

（2）在"时间轴"面板中将时间指示器分别拖曳至00:00:02:23、00:00:09:12、00:00:12:18、00:00:23:16、00:00:48:22、00:01:05:16处，按【Ctrl+B】组合键分割视频。

（3）按住【Ctrl】键不放，依次选择第2段、第4段、第7段、第9段视频片段，按【Delete】键删除。

（4）选择第1个视频片段，单击"变速"选项卡，在"时长"栏中设置"时长"为"2s"；选择第2个视频片段，单击"变速"选项卡，设置"时长"为"2s"；选择第3个视频片段，单击"变速"选项卡，设置"时长"为"8s"；选择最后一段视频片段，单击"变速"选项卡，设置"时长"为"5s"。

（5）将时间指示器移动到视频开头，单击"音频"选项卡，在下方的列表中选择"纯音乐"右侧的"轻音乐（舒缓钢琴曲）"选项，单击➕按钮，将音频添加到轨道中。

（6）在"时间轴"面板中将时间指示器拖曳至00:00:31:19处，按【Ctrl+B】组合键分割音频。选择第2段音频，按【Delete】键删除。

（7）在"时间轴"面板中将时间指示器拖曳至视频开头处，单击"文本"选项卡，在左侧列表中选择"秋日"选项，在右侧列表中选择"换季衣橱更新！"文字模板，单击➕按钮，将文字模板添加到轨道中。

（8）在"文本"面板的文本框中输入"新鲜自然"文字，设置缩放为"70%"，单击 保存预设 按钮。

（9）在时间轴上选择添加的文字，将鼠标指针移动到文字右侧，当鼠标指针呈◀▶状态时，按住鼠标左键不放，向右拖曳鼠标调整文字的持续时间，这里将终止时间调整到00:00:04:00处，然后在"播放器"面板中调整文字位置到左上角。

（10）将时间指示器拖曳至00:00:12:00处，单击"文本"选项卡，在左侧列表中选择"字幕"选项，在右侧列表中选择第7个文字模板，单击➕按钮，在"文本"面板中的文本框中输入"酸甜多汁 营养丰富"，并将文字位置调整到左下角。使用相同的方法，在00:00:26:19处以相同的字体样式，输入"新鲜味美"文字并调整文字位置。

（11）单击 导出 按钮，打开"导出"对话框，填写作品名称，选择导出位置后，单击 导出 按钮完成导出操作（配套资源：效果文件\第6章\千禧果主图视频.mp4）。

课后练习——制作毛巾主图视频

效果预览

为某家居网店上新的毛巾制作主图视频，以便消费者查看和了解毛巾信息，如毛巾的材质、毛巾的使用场景、毛巾的质量等。要求使用提供的素材（配套资源：素材文件 \ 第 6 章 \ 毛巾 1.mp4 ～毛巾 5.mp4），通过剪辑视频内容，添加滤镜和转场，以及制作封面图，增加美观度。最后保存文件（配套资源：效果文件 \ 第 6 章 \ 毛巾主图视频 .mp4）。

第 **7** 章

网店首页设计与制作

本章导读

　　网店首页承载着展示网店形象、吸引潜在消费者及促进交易等多重任务。在电子商务领域，一个美观且实用的首页对提升消费者对网店的好感度至关重要，不仅能够迅速吸引潜在消费者的注意力，还能够强化品牌形象，进一步提升转化率。

　　鉴于消费者使用的购物设备多元化的特点，网店首页设计必须同时兼顾PC端和移动端。PC端设计可以充分利用大屏幕优势，通过丰富的视觉元素和交互设计，展示网店的完整性和专业性。而移动端设计则需要注重简洁明了和快速加载，确保消费者在手机等移动设备上能获得流畅、便捷的购物体验。

学习目标

- 了解 PC 端网店首页的组成结构。
- 掌握 PC 端和移动端网店首页设计要点。
- 掌握 PC 端网店首页制作方法。
- 掌握移动端网店首页制作方法。

7.1 认识网店首页

网店美工在设计网店首页时，需要先了解首页的组成结构，并基于网店自身的定位进行首页结构的布局，使其达到与定位相匹配的理想视觉效果。

7.1.1 PC端网店首页的组成结构

网店首页主要由店招与导航、全屏海报、优惠活动区、商品分类、商品推荐区等模块组成，每个模块的作用和使用方法都不同。图7-1所示为某网店的首页设计。

图7-1 某网店的首页设计

- **店招与导航**：店招不但影响网店给消费者的第一视觉印象，也起到品牌宣传的作用。导航处于店招的下方，主要用于展示网店的商品类别，起到分类展示的作用。在设计店招时，不仅要凸显网店的特色，还要清晰地传达品牌的视觉定位；在设计导航时，需要将网店中的商品类目展示出来，方便消费者快速选择需要浏览的类目。
- **全屏海报**：全屏海报一般位于导航的下方或首页的第一屏。一般全屏海报中会展示网店当前活动的主题、主推商品或具体优惠等。全屏海报通过调动色彩、版式、文字、形状等元素来营造强烈的视觉效果，不仅有较强的视觉影响力，还能突出卖点。

- **优惠活动区**：优惠活动区是首页的重要功能区之一，主要用于展示网店当前的优惠活动，如优惠券、满减、打折等。
- **商品分类**：商品分类是指对网店所销售的全部商品，按照某一个标准进行分类，如商品材质、商品用途、商品原材料和商品价格等，使消费者可根据分类快速找到需要的商品。
- **商品推荐区**：商品推荐区是网店首页的主要区域之一，占据了网店首页的大部分版面。商品推荐区的内容可根据网店需求进行设计，常分为主推商品区和热销商品区两个板块，其设计风格应该与网店整体风格一致。

7.1.2 PC端网店首页设计要点

PC 端网店首页是塑造品牌形象并吸引消费者浏览、点击的关键，其制作效果直接影响着网店的成交量和转化率。网店美工在制作 PC 端网店首页时要遵循以下设计要点，以保证首页的视觉效果能够给消费者留下深刻的印象。

- **定位首页风格**：首页风格是品牌形象、主营商品类型、服务方式等内容的集中体现，是影响消费者对网店印象最直观的因素。网店美工在进行首页视觉设计时，一定要综合考虑品牌文化、商品信息、目标消费者、市场环境和季节等因素，以明确首页风格定位，做到首页风格和品牌形象相统一。
- **规划首页布局**：在明确首页风格的前提下，结合 PC 端网店首页的视觉构成元素，合理规划它们在首页中的位置和内容。图 7-2 所示为 4 种首页布局效果，可发现不同构成元素在位置、展示内容、结构划分上的差异所呈现的最终效果各有千秋。因此，合理规划首页布局是设计出富有品牌特色，且提升消费者视觉浏览体验的首页的关键。

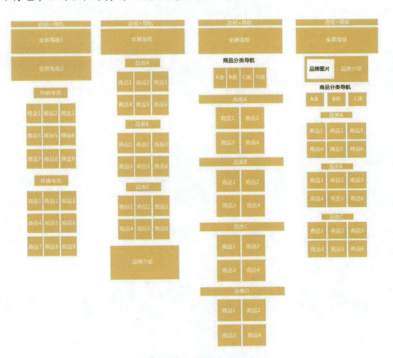

图7-2 首页布局效果

- **合理搭配页面元素**：首页的构成元素众多，并且每一个元素都有其独特的意义。因此，网店美工在制作首页时，要合理搭配各元素，突出重要信息。如在设计商品推荐模块时，推荐的内容就应该选择网店中的热门款或新款，并且数量不能太多，以集中引流，增加商品的人气。

7.1.3 移动端网店首页设计要点

移动端是电商平台中商品引流和成交的主要渠道，因此掌握移动端网店首页的设计也十分重要。

- **优化购物体验**：从消费者的购物习惯出发，图片的清晰度和大小都要适合移动设备；以大图为主、分类清晰明确；搭配合适的颜色；商品的细节清晰，给消费者带来舒适的体验。
- **合理控制页面的长度**：消费者在浏览页面时常按照自上而下的顺序进行，且信息不必过多，避免加载速度过慢，一般以6屏以内的页面长度为最佳。
- **把握页面整体内容**：网店首页的整体内容要与网店消费人群的特点相匹配，符合消费人群的视觉审美。另外，页面的整体内容要便于消费者识别、读取和点击。
- **与PC端首页的视觉效果统一**：移动端首页的内容要与PC端首页的内容相互呼应，具有相同的视觉符号，以提高网店品牌的关联性。

图7-3所示为某网店的移动端首页设计，该网店在合理搭建内容框架的基础上，严格遵守了以上设计要点，将整个首页分为海报、优惠区、产品展示区和企业介绍多个板块，且分类清晰，页面长度合理。另外，在颜色选择上以灰色和灰蓝色为主色，符合消费者的视觉审美。

 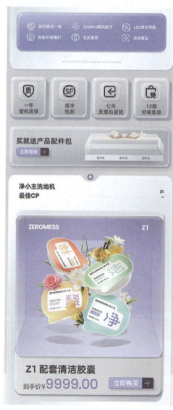

图7-3 某网店的移动端首页设计

7.2　PC端网店首页制作

　　网店首页的设计并非简单地将所有模块堆砌在一起，而是需要对各模块进行合理的组合与排列，以构建出一个完整且有序的网店首页。

　　本节将为司倍数码家电网店制作网店首页，该网店以简约、时尚为设计理念，追求清晰的页面布局与简洁的元素。在配色上，以冷静且沉稳的蓝色为主色调，象征着科技与稳健，同时融入柔和的白色与灰色，为页面营造温馨舒适的氛围。此配色方案不仅彰显了数码家电的科技感与时尚气质，还为消费者营造了舒适、愉悦的购物环境。

7.2.1　制作网店Logo

　　Logo 是店招中的一部分，不仅要造型美观，还要将网店的信息展现出来，让消费者一看见 Logo 就知道该网店的名称或所售卖的商品。网店名可用"SB"表示，为了使 Logo 更具有识别性，在设计 Logo 时可将字母进行变形，使 Logo 形象和网店名称相符，在色彩选择上以蓝色为主色，符合网店定位。具体操作步骤如下。

（1）新建名称为"Logo"、大小为"300 像素 ×300 像素"、分辨率为"300 像素/英寸"的图像文件。

（2）选择"圆角矩形工具" ◻，在工具属性栏中设置渐变颜色为"#2655e6"～"#36a2f1"，"旋转渐变"为"-15°"，"半径"为"60 像素"，然后在图像编辑区中绘制"200 像素 ×200 像素"的圆角矩形，如图 7-4 所示。

（3）新建图层，在工具箱中选择"钢笔工具" ◊，绘制图 7-5 所示的路径，按【Ctrl+Enter】组合键将路径转换为选区，如图 7-6 所示。设置"前景色"为"#ffffff"，按【Alt+Delete】组合键填充前景色，按【Ctrl+D】组合键取消选区，如图 7-7 所示。

图7-4　绘制圆角矩形　　图7-5　绘制路径　　图7-6　将路径转换为选区　　图7-7　填充前景色

（4）新建图层，在工具箱中选择"钢笔工具" ◊，在已有形状下方绘制路径，按【Ctrl+Enter】组合键将路径转换为选区，并填充前景色，取消选区，效果如图 7-8 所示。

（5）从左侧的标尺上拖曳参考线，直到绘制形状的竖线左侧。使用相同的方法，在竖线的右侧添加垂直参考线。继续新建图层，并使用"钢笔工具" ◊ 绘制路径，将路径转换为选区，并填充前景色，取消选区，效果如图 7-9 所示。

（6）从上方的标尺上拖曳参考线，直到绘制形状的下方，使用相同的方法，在形状的上方添加水平参考线。新建图层，使用"钢笔工具" ◊ 绘制路径，将路径转换为选区，并填充前景色，取消选区，完成 Logo 的制作，效果如图 7-10 所示。

（7）保存前先隐藏背景图层，如图 7-11 所示。保存文件后，再按【Shift+Ctrl+Alt+S】组合键，打开"存储为 Web 所用格式"对话框，设置"文件格式"为"#PNG-24"，单击 存储… 按钮，在打开的对话框中，设置保存位置和保存名称后，单击 保存(S) 按钮。（配套资源：效果文件\第 7 章\Logo.psd、Logo.png）

图7-8　绘制形状　　　图7-9　绘制形状　　　图7-10　绘制形状　　　图7-11　隐藏背景图层
　　　效果（1）　　　　　　效果（2）　　　　　　效果（3）

7.2.2　制作店招与导航

下面将制作司倍数码家电网店店招与导航，先将制作的 Logo 添加到店招中，再依次添加"收藏店铺"按钮、热销商品等内容，丰富店招内容，然后在店招的下方绘制导航，并在其中输入导航内容。具体操作步骤如下。

微课视频

制作店招与
导航

（1）新建大小为"1920 像素 ×150 像素"、分辨率为"300 像素 / 英寸"、名称为"数码家电网店店招与导航"的文件。

（2）设置"前景色"为"#f3f3f3"，按【Alt+Delete】组合键填充前景色，为了避免店招与导航的内容不能在不同屏幕上完整显示的问题，可选择"矩形选框工具" ，在工具属性栏中设置"样式"为"固定大小"、"宽度"为"465 像素"，在图像编辑区左上角单击创建图像，接着从左侧的标尺上拖曳参考线直到与选区右侧对齐，然后使用相同的方法在选区右侧添加参考线，效果如图 7-12 所示。

图7-12　添加两条参考线

（3）打开"Logo.png"素材文件（配套资源：效果文件\第 7 章\Logo.png），将 Logo 拖曳到新建的图像文件中，调整其大小和位置。

（4）选择"横排文字工具" ，打开"字符"面板，设置"字体"为"汉仪综艺体简"，"文本颜色"为"#4e4e4e"，单击"仿斜体"按钮 ，在 Logo 右侧输入"司倍数码家电"文字，调整文字的大小和位置，如图 7-13 所示。

（5）选择"圆角矩形工具" ，在工具属性栏中设置"填充"为"#2554e6"，取消描边，"半径"为"30 像素"，然后在文字下方绘制大小为"123 像素 ×28 像素"的圆角矩形，再在圆角矩形中输入"收藏店铺"文字，调整文字大小、位置和颜色，如图 7-14 所示。

图7-13　输入文字并调整（1）

图7-14　制作"收藏店铺"按钮

（6）打开"电视.png""笔记本电脑.png""手机.png"素材文件（配套资源：素材文件\第7章\电视.png、笔记本电脑.png、手机.png），依次将素材拖曳到文字右侧并调整大小和位置，效果如图7-15所示。

图7-15　添加素材并调整

（7）选择"横排文字工具" T ，在工具属性栏中设置"字体"为"方正粗圆简体"，颜色为"#004c98"，然后在各个商品的右侧输入文字，并调整文字的大小和位置，如图7-16所示。

图7-16　输入文字并调整（2）

（8）选择"圆角矩形工具" ⬜ ，在工具属性栏的"填充"下拉列表中单击"渐变"按钮 ▣ ，设置渐变颜色为"#2554e6"～"#36a2f1"，取消描边，设置"半径"为"30像素"，然后在"2024款""Summilux镜头"文字下方绘制3个大小为"110像素×22像素"的圆角矩形，接着使用"横排文字工具" T 在圆角矩形中输入"立即购买"文字，如图7-17所示。

图7-17　绘制圆角矩形和输入文字

（9）新建图层，设置"前景色"为"#2554e6"，选择"矩形选框工具" ▣ ，在工具属性栏中设置"宽度"为"1920像素"、"高度"为"30像素"，在图像编辑区下方单击创建选区，按【Alt+Delete】组合键填充前景色，作为导航条背景，如图7-18所示。

图7-18　制作导航条背景

（10）取消选区，选择"横排文字工具" T ，在工具属性栏中设置"字体"为"方正中倩简体"，"颜色"为"#ffffff"，在导航条上依次输入图7-19所示文字，调整文字大小和位置。选择【视图】/【显示】/【参考线】命令，隐藏参考线，保存文件（配套资源：效果文件\第7章\数码家电网店店招与导航.psd）。

图7-19　输入导航条文字并调整

7.2.3　制作全屏海报

　　下面将制作以笔记本电脑为内容的数码家电网店全屏海报，可先制作笔记本电脑的背景，然后添加文字和装饰。具体操作步骤如下。

（1）新建大小为"1920 像素 ×900 像素"、分辨率为"72 像素 / 英寸"、名称为"数码家电网店全屏海报"的文件。

（2）用"矩形工具"　绘制两个大小为"960 像素 ×900 像素"的矩形，分别填充"#2554e6""#1c1919"颜色，使它们左右分布在图像编辑区中充当背景，如图 7-20 所示。

（3）打开"商品图片 5.png"素材文件（配套资源：素材文件 \ 第 7 章 \ 商品图片 5.png），将其拖曳到"数码家电网店全屏海报"文件中，调整大小和位置，如图 7-21 所示。

图7-20　绘制矩形

图7-21　置入素材

（4）双击图片素材所在图层右侧的空白处，打开"图层样式"对话框，勾选"投影"复选框，设置"颜色"为"#2554e6"，其余参数如图 7-22 所示，单击　　确定　　按钮，效果如图 7-23 所示。

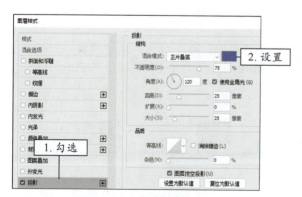

图7-22　设置投影参数

图7-23　添加"投影"图层样式后的效果

（5）置入"三角形装饰 .png"素材文件（配套资源：素材文件 \ 第 7 章 \ 三角形装饰 .png），复制该图像两次，然后依次调整大小、方向和位置。

（6）选中所有三角形装饰，按【Ctrl+G】组合键将其移动到图层组中，并设置图层组的不透明度为"43%"，效果如图 7-24 所示。

（7）选择"横排文字工具" T ，在工具属性栏中设置"字体"为"思源黑体 CN"，"字体大小"为"210 点"，"字体样式"为"Bold"，"文本颜色"为"#ffffff"。输入"2024 款 Book Pro16"文字，并在"2024 款"后按【Enter】键，将文字调整成两行。将文字图层移动到商品图层下方，如图 7-25 所示。

图7-24　管理图层并设置图层组的不透明度

图7-25　移动图层后的效果

（8）复制文字图层，并在其上单击鼠标右键，在弹出的快捷菜单中选择"栅格化文字"命令，再将该图层移至商品图层上方，单击"添加图层蒙版"按钮 □ ，设置前景色为"#000000"，选择"画笔工具" ✏ ，涂抹图 7-26 所示的区域，制作穿插文字效果，如图 7-27 所示。

图7-26　涂抹文字

图7-27　穿插文字效果

（9）双击商品图层下方文字图层的空白区域，打开"图层样式"对话框，勾选"渐变叠加"复选框，设置"颜色"为"#7a98f8"～"#ffffff"，"不透明度"为"33"，"角度"为"-55"，"缩放"为"150"，如图 7-28 所示。单击 确定 按钮。

（10）添加"图标 .png"素材（配套资源：素材文件＼第 7 章＼图标 .png），调整大小和位置，如图 7-29 所示。

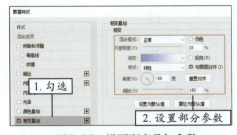
图7-28　设置渐变叠加参数

图7-29　添加图标

（11）选择"横排文字工具" T ，设置"字体大小"为"30 点"，输入图 7-30 所示的文字，保存文件（配套资源：效果文件＼第 7 章＼数码家电网店全屏海报 .psd）。

图7-30　输入文字

📖 **知识补充**

制作全屏海报的注意事项

在制作全屏海报时，若需要进行轮播展现，则要制作多幅全屏海报，并且多幅全屏海报的尺寸应保持一致。

7.2.4　制作优惠券

　　下面将制作数码家电网店的优惠券，在制作优惠券时，需明确其使用条件、优惠金额等具体内容。设计上，可选择深蓝色为主色调，以简洁的模块设计凸显优惠信息。具体操作步骤如下。

微课视频
制作优惠券

（1）新建大小为"1920 像素 ×600 像素"、分辨率为"72 像素 / 英寸"、名称为"数码家电网店优惠券"的图像文件。

（2）设置"前景色"为"#f3f3f3"，按【Alt+Delete】组合键填充前景色，选择"矩形工具" ▢，设置"填充"为"#2554e6"，取消描边，绘制大小为"1020 像素 ×350 像素"的矩形，如图 7-31 所示。

（3）选择"横排文字工具" T，设置"字体"为"方正大黑简体"，设置"文本颜色"为"#2554e6"，在矩形顶部输入文字，调整文字大小和位置，效果如图 7-32 所示。

（4）选择"圆角矩形工具" ▢，在工具属性栏中设置"半径"为"20 像素"，"填充"为"#ffffff"，取消描边，在矩形中绘制大小为"180 像素 ×220 像素"的圆角矩形，如图 7-33 所示。

图7-31　绘制矩形

图7-32　输入文字并调整（1）

（5）选择"横排文字工具"　，设置"字体"为"方正兰亭大黑简体"，设置"文本颜色"为"#2554e6"，输入文字，调整文字大小和位置，效果如图7-34所示。

图7-33　绘制圆角矩形

图7-34　输入文字并调整（2）

（6）选择"矩形工具"　，在工具属性栏中设置"填充"为"#2554e6"，取消描边，在"满58元使用"文字下方绘制大小为"110像素×30像素"的小矩形，效果如图7-35所示。

（7）使用"横排文字工具"　，在小矩形中输入"点击领取"文字，调整文字的样式、大小和位置，效果如图7-36所示。

图7-35　绘制小矩形

图7-36　输入"点击领取"文字并调整

（8）选择所有优惠券图层，将其整理成组，按【Alt】键移动并复制组，再重复两次操作得到其他3张优惠券，然后调整各个优惠券的位置，并修改券面金额与满减条件，效果如图7-37所示。完成后保存文件（配套资源：效果文件\第7章\数码家电网店优惠券.psd）。

图7-37　完成后的效果

121

7.2.5　制作商品分类

　　下面将制作数码家电网店商品分类。在制作时，可使用白色圆角矩形作为商品背景，让商品在整个页面中显得更加突出，以及添加醒目的类目按钮，使消费者对商品品类一目了然。其具体操作如下。

微课视频

制作商品
分类

（1）新建大小为"1920 像素 ×1100 像素"、分辨率为"72 像素 / 英寸"、名称为"数码家电网店商品分类"的图像文件。

（2）设置"前景色"为"#2554e6"，按【Alt+Delete】组合键填充前景色，选择"横排文字工具" T，在工具属性栏中设置"字体"为"方正大黑简体"，设置"文本颜色"为"#ffffff"，输入"——分类入口——"文字，调整文字大小和位置，选择"圆角矩形工具" O，在工具属性栏中设置"半径"为"20 像素"，"填充"为"#ffffff"，取消描边，绘制 6 个大小为"380 像素 ×400 像素"的圆角矩形，如图 7-38 所示。

（3）选择"横排文字工具" T，在工具属性栏中设置"字体"为"方正大黑简体"，设置"文本颜色"为"#ffffff"，输入"——分类入口——"文字，调整文字大小和位置，打开"电视 .png""笔记本电脑 .png""手机 .png""空调 .png""耳机 .png""扫地机器人 .png"素材文件（配套资源：素材文件 \ 第 7 章 \ 电视 .png、笔记本电脑 .png、手机 .png、空调 .png、耳机 .png、扫地机器人 .png），依次将它们拖曳到"数码家电网店商品分类"图像文件中，再调整大小和位置，如图 7-39 所示。

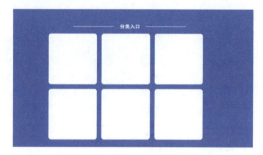

图7-38　绘制圆角矩形（1）

图7-39　添加素材并调整

（4）双击手机图像所在图层右侧的空白处，打开"图层样式"对话框，勾选"投影"复选框，设置"颜色"为"#2554e6"，其余参数如图 7-40 所示，单击 确定 按钮。复制手机所在图层的图层样式，然后将其依次粘贴到其他图片图层中，完成后的效果如图 7-41 所示。

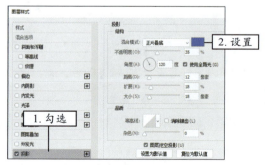

图7-40　设置投影参数（1）

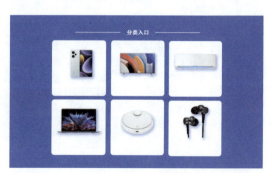

图7-41　粘贴"投影"图层样式后的效果

（5）选择"圆角矩形工具" ，在工具属性栏的"填充"下拉列表中单击"渐变"按钮，设置渐变颜色为"#2554e6"～"#36a2f1"，取消描边，设置"半径"为"20像素"，绘制大小为"200像素×50像素"的圆角矩形，效果如图7-42所示。

（6）双击圆角矩形图层右侧的空白处，打开"图层样式"对话框，勾选"投影"复选框，设置"颜色"为"#2554e6"，其余参数如图7-43所示，单击   确定   按钮。

图7-42　绘制圆角矩形（2）

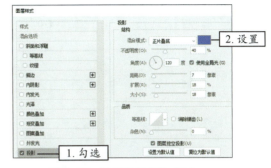

图7-43　设置投影参数（2）

（7）复制5个圆角矩形，并将其移动到其他素材的下方。选择"横排文字工具" ，在工具属性栏中设置"字体"为"方正大黑简体"，设置"文本颜色"为"#ffffff"，输入文字，调整文字大小和位置，保存文件（配套资源：效果文件\第7章\数码家电网店商品分类.psd）。最终效果如图7-44所示。

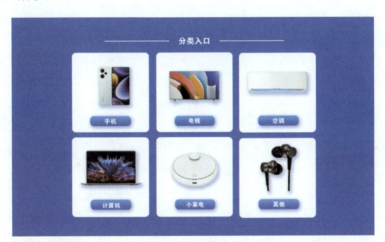

图7-44　最终效果

7.2.6　制作商品推荐区

接下来制作数码家电网店商品推荐区。在制作时，商品推荐区可分为海报和"热卖商品"区域两个部分，海报主要用于展示"新品上架"活动，而"热卖商品"区域主要对近期热门商品进行展示，整个效果简洁直观。其具体操作如下。

（1）新建大小为"1920像素×2800像素"、分辨率为"72像素/英寸"、名称为"数码家电网店商品推荐区"的图像文件。

微课视频

制作商品推荐区

（2）选择"矩形工具"□，设置"填充"为"#f0f3f9"，取消描边，绘制大小为"1230 像素 ×
500 像素"的矩形。

（3）选择"圆角矩形工具"□，设置"填充"为"#f0f3f9"，取消描边，"半径"为"30 像素"，
绘制 6 个大小为"600 像素 ×500 像素"的圆角矩形，如图 7-45 所示。

（4）打开"商品图片 1.png"～"商品图片 7.png"素材文件（配套资源：素材文件 \ 第 7 章 \ 商
品图片 1.png ～商品图片 7.png），依次将素材拖曳到矩形和圆角矩形中，调整大小和位置。
选择"商品图片 1.png"和其下的矩形，创建剪贴蒙版，如图 7-46 所示。

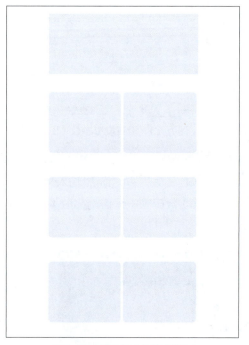

图7-45　绘制6个圆角矩形

图7-46　添加素材并创建剪贴蒙版

（5）选择"横排文字工具"T，设置"字体"为"汉仪综艺体简"，"文本颜色"为"#46474c"，
输入"新品上架""——————— 热卖商品 ———————"文字，调整文字位置、
大小，如图 7-47 所示。

（6）选择"圆角矩形工具"□，在工具属性栏的"填充"下拉列表中单击"渐变"按钮■，设置
渐变颜色为"#2554e6"～"#36a2f1"，取消描边，设置"半径"为"30 像素"，绘制大
小为"200 像素 ×50 像素"的圆角矩形。使用"横排文字工具"T在圆角矩形中输入"点击
进入"文字，设置"字体"为"# 方正大黑简体"，调整文字大小和位置，效果如图 7-48 所示。

图7-47　输入文字并调整（1）

图7-48　制作"点击进入"按钮

（7）选择"横排文字工具" **T.**，在每个商品下方输入文字，其中第一排文字字体为"方正兰亭大黑简体"，第二排文字字体为"# 思源黑体 CN"，第一排文字"文本颜色"为"#46474c"，第二排文字"文本颜色"为"#afb0b3"，再调整文字位置、大小，如图 7-49 所示。

（8）选择"点击进入"按钮所有图层，按住【Alt】键不放向下拖曳图层，将其复制到"2024 年款"文字右侧，效果如图 7-50 所示。完成后保存文件（配套资源：效果文件 \ 第 7 章 \ 数码家电网店商品推荐区 .psd），完成商品推荐区的制作。

图7-49 输入文字并调整（2）

图7-50 复制按钮后的效果

7.3 移动端网店首页制作

移动端网店首页通常是根据 PC 端网店首页进行制作的，为了展示更多不同类型的效果，本节将制作具有促销性的移动端数码家电网店首页，整个首页分为海报、优惠券、商品展示区 3 个部分。

7.3.1 制作移动端海报

移动端数码家电网店海报主要用于展示活动信息，因此在制作时，可将活动信息如"优惠 5 折起""周年庆盛典""满 3000 元立减 1000 元再加送 100 元红包"进行重点展示，其背景要具有科技感，符合数码家电的定位。具体操作步骤如下。

微课视频

制作移动端海报

（1）新建大小为"1200 像素 ×5600 像素"、分辨率为"72 像素 / 英寸"、名称为"移动端数码家电网店首页"的图像文件。设置"前景色"为"#4185e5"，按【Alt+Delete】组合键填充前景色。

（2）打开"天空 .png""汽车城市街道 .png"素材文件（配套资源：素材文件 \ 第 7 章 \ 天空 .png、

125

汽车城市街道 .png），将素材拖曳到图像文件上，调整大小和位置。

（3）选择"汽车城市街道"所在图层，单击"添加图层蒙版"按钮 ，设置"前景色"为"#000000"，使用"画笔工具" ，在房屋的顶部进行涂抹，隐藏天空部分，使其与天空素材合成后的效果更加美观，如图 7-51 所示。

（4）打开"科技素材 .png""手机 2.png""金币 1.png""金币 2.png"素材文件（配套资源：素材文件\第 7 章\科技素材 .png、手机 2.png、金币 1.png、金币 2.png），将素材拖曳到图像文件中间区域，调整大小和位置，如图 7-52 所示。

（5）选择"矩形工具" ，设置"填充"为"#ffffff"，在手机周围绘制大小为"500 像素 ×736 像素"的矩形，单击"添加图层蒙版"按钮 ■，设置"前景色"为"#000000"，使用"画笔工具" ✎，在矩形的上方和下方进行涂抹，增加科技素材的立体感，使手机具有放置在休眠舱内的效果，如图 7-53 所示。

图7-51　涂抹图片　　　　　　图7-52　添加素材并调整　　　　图7-53　绘制矩形并涂抹图片

（6）选择"横排文字工具" T.，设置"字体"为"方正汉真广标简体"，"文本颜色"为"#ffffff"，输入"周年庆盛典""5 折优惠"文字，调整文字位置、大小，然后选择"周年庆"文字，将"文本颜色"修改为"#ffee89"，效果如图 7-54 所示。

（7）双击"周年庆盛典"文字图层右侧的空白处，打开"图层样式"对话框，勾选"斜面和浮雕"复选框，设置"高光模式"的颜色为"#ffffff"，"阴影模式"的颜色为"#086fed"，单击 确定 按钮，其余参数如图 7-55 所示。

（8）复制"周年庆盛典"文字图层的图层样式，将其粘贴到"5 折优惠"文字图层中，再双击"5 折优惠"文字图层右侧的空白区域，打开"图层样式"对话框，勾选"描边"复选框，设置"大小"为"2"，"位置"为"外部"，"颜色"为"#146fee"，单击 确定 按钮，如图 7-56 所示。

（9）为了使文字具有立体感，在文字图层的下方新建图层，使用"钢笔工具" ∅.沿着文字的边缘绘制路径，然后将路径转换为选区，并将其填充为"#8fc2f6"颜色，如图 7-57 所示。

图7-54　输入文字后的效果

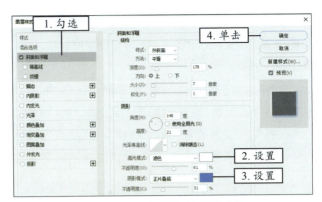

图7-55　设置斜面和浮雕参数

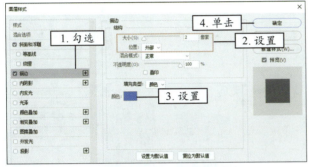

图7-56　设置描边参数

图7-57　绘制文字轮廓并填充颜色

（10）复制步骤（9）新建的图层，单击图层前的缩略图，载入选区，选择【选择】/【修改】/【收缩】命令，打开"收缩选区"对话框，输入"收缩量"为"10"，单击 确定 按钮，如图7-58所示。

（11）选择"渐变工具" ，设置渐变颜色为"#0264e3"～"#3c88eb"，然后从下而上拖曳填充渐变颜色，双击步骤（10）复制得到的图层，打开"图层样式"对话框，勾选"描边"复选框，设置"大小"为"6"，"颜色"为"#d7f2ff"，如图7-59所示。单击 确定 按钮，可发现收缩边框处添加了描边效果，如图7-60所示。

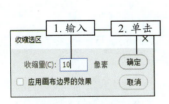

图7-58　收缩选区

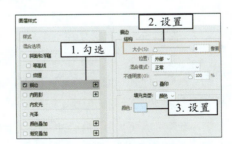

图7-59　设置描边参数

图7-60　查看描边效果

（12）复制"5折优惠"图层，并将复制后的图层移至"5折优惠"图层下方。选择"5折优惠 拷贝"文字图层，使用"横排文字工具" 修改"文本颜色"为"#468eef"，适当放大文字，使其与上方文字形成叠加的立体效果。使用相同的方法复制"周年庆盛典"图层，修改颜色并调整文字大小，如图7-61所示。

（13）打开"光线.png"素材文件（配套资源：素材文件\第7章\光线.png），将素材拖曳到文字上，调整大小和位置，复制素材，将其调整到其他区域，并都设置"图层混合模式"为"滤色"，效果如图7-62所示。

（14）打开"图案.png"素材文件（配套资源：素材文件\第7章\图案.png），将素材拖曳到文字下方，调整大小和位置。选择"横排文字工具" **T.**，设置"字体"为"思源黑体CN"，"字体样式"为"Bold"，"文本颜色"为"#ffffff"，输入"满3000元立减1000元再加送100元红包"文字，调整文字位置、大小，完成海报的制作，效果如图7-63所示。

图7-61　复制并调整文字

图7-62　添加与编辑光线素材

图7-63　最终效果

7.3.2　制作移动端优惠券

　　下面将在海报下方制作优惠券，该优惠券主要有3种优惠额度。在制作时为了让海报与优惠券模块间过渡自然，可先添加云朵等素材，然后通过几何装饰图形重点展示优惠信息。具体操作步骤如下。

微课视频

制作移动端
优惠券

（1）打开"云朵.png"素材文件（配套资源：素材文件\第7章\云朵.png），将素材拖曳到海报图像下方，调整大小和位置。选择云朵图层，单击"添加图层蒙版"按钮 **□**，设置"前景色"为"#000000"，使用"画笔工具" **✔.**在素材的下方进行涂抹，使云朵素材更加柔和。复制云朵所在图层，调整云朵的位置，如图7-64所示。

（2）选择"圆角矩形工具" **□.**，设置"填充"为"#edeff7"，"描边"为"#0673e8"，"描边大小"为"18像素"，"半径"为"30像素"，在云朵的上方绘制大小分别为"830像素×140像素""1050像素×610像素"的圆角矩形，如图7-65所示。

（3）选择"圆角矩形工具" **□.**，设置"填充"为"#06a3f1"，取消描边，"半径"为"30像素"，绘制大小为"300像素×410像素"的圆角矩形，双击该圆角矩形右侧的空白区域，打开"图层样式"对话框，勾选"斜面和浮雕"复选框，设置"高光模式"的颜色为"#ffffff"，"阴影模式"的颜色为"#70a7ed"，其余参数如图7-66所示。

图7-64　复制并调整云朵素材

图7-65　绘制两个圆角矩形

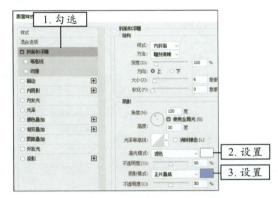

图7-66　设置斜面和浮雕参数

（4）勾选"描边"复选框，设置"大小"为"4"，"位置"为"外部"，"颜色"为"#ffffff"，如图7-67所示。

（5）勾选"渐变叠加"复选框，设置渐变颜色为"#036be7"～"#3c8ced"～"#06c5f7"，"角度"为"90"，如图7-68所示。

（6）勾选"投影"复选框，设置"颜色"为"#077aba"，"不透明度"为"47"，"角度"为"90"，"距离"为"16"，"大小"为"5"，如图7-69所示，单击 确定 按钮。

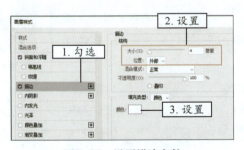

图7-67　设置描边参数

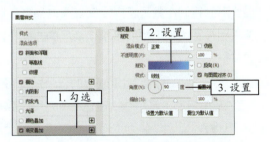

图7-68　设置渐变叠加参数

（7）选择"圆角矩形工具"，设置渐变颜色为"#5392f8"～"#c2e9fb"，绘制大小分别为"225像素×45像素""235像素×47像素"的圆角矩形，如图7-70所示。

（8）选择"横排文字工具"，设置"字体"为"方正汉真广标简体"，输入文字，调整文字的颜色、位置和大小，如图7-71所示。

（9）按住【Shift】键不放，依次选择优惠券内容涉及的图层，按住【Alt】键不放向右拖曳鼠标复制两张优惠券，然后修改优惠券的文字内容，效果如图7-72所示。

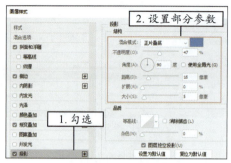

图7-69　设置投影参数

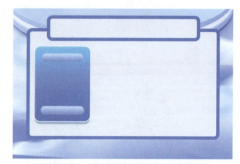

图7-70　绘制两个渐变圆角矩形

图7-71　输入并调整文字

图7-72　制作其他优惠券

设计素养

网店美工在设计优惠券时，需要确保优惠券上的所有信息（如优惠金额、使用条件、领取方式等）都能够清晰、准确地传达给消费者，避免产生误解或混淆。在设计时应确保优惠券的内容合法合规，避免引发法律纠纷。

7.3.3　制作移动端商品展示区

商品展示区一般位于优惠券的下方，用于展示一些热卖商品，或需要开展促销活动的商品。下面将制作数码家电网店首页商品展示区，在制作时为了使商品展示更加直观，将采用在圆角矩形中展示单个商品的方式，对每个商品进行罗列展示。具体操作步骤如下。

微课视频

制作移动端
商品展示区

（1）复制"云朵"所在图层，将复制出的云朵拖曳到优惠券下方，调整位置和不透明度。

（2）选择"圆角矩形工具" ，设置"填充"为"#edeff7"，"描边"为"#0673e8"，"描边大小"为"18像素"，"半径"为"30像素"，在云朵上方绘制大小分别为"830像素×140像素""1050像素×790像素"的圆角矩形。

（3）选择"圆角矩形工具" ，在大圆角矩形的中间绘制大小为"970像素×500像素"的圆角矩形，设置渐变颜色为"#c4f0fc"～"#ffffff"，"描边"为"#ffffff"，"描边大小"为"5像素"，如图7-73所示。

（4）双击渐变圆角矩形右侧的空白区域，打开"图层样式"对话框，勾选"斜面和浮雕"复选框，设置"高光模式"的颜色为"#ffffff"，"阴影模式"的颜色为"#319ef0"，其余参数如图7-74所示，单击 确定 按钮。

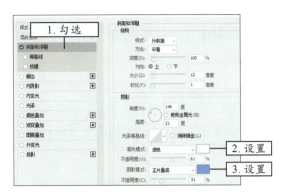

图7-73　绘制圆角矩形　　　　　　图7-74　设置斜面和浮雕参数

（5）选择"圆角矩形工具"，设置渐变颜色为"#0673e8"～"#09baf4"，"描边"为"#ffffff"，"描边大小"为"5 像素"，"半径"为"30 像素"，在圆角矩形的下方绘制"970 像素 ×146 像素"的圆角矩形，然后在该圆角矩形的右侧绘制渐变颜色为"#fe5125"～"#fd380b"，大小为"322 像素 ×86 像素"的圆角矩形，如图 7-75 所示。

（6）新建图层，使用"钢笔工具"绘制路径，按【Ctrl+Enter】组合键将路径转换为选区。选择"渐变工具"，设置渐变颜色为"#09bff6"～"#0674e8"，然后从下而上拖曳鼠标填充渐变颜色。

（7）打开"商品图片 5.png"素材文件（配套资源：素材文件 \ 第 7 章 \ 商品图片 5.png），将素材拖曳到形状右侧，调整大小和位置，如图 7-76 所示。选择"横排文字工具"，设置"字体"为"方正汉真广标简体"，输入文字，调整文字的颜色、位置和大小，如图 7-77 所示。

图7-75　绘制其他圆角矩形　　　图7-76　绘制形状并添加素材　　　图7-77　输入并调整文字

（8）选择整个商品内容，按住【Alt】键不放向下拖曳鼠标复制两次，然后修改其中的文字和图片，其中图片为"商品图片 2.png""商品图片 7.png"（配套资源：素材文件 \ 第 7 章 \ 商品图片 2.png、商品图片 7.png），完成后保存图像，完成移动端网店首页的制作，效果如图 7-78 所示（配套资源：效果文件 \ 第 7 章 \ 移动端数码家电网店首页 .psd）。

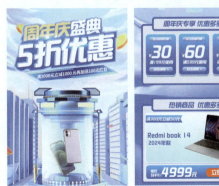

图7-78　最终效果

131

课堂实训——制作生鲜网店首页

实训背景

微课视频

制作生鲜网店
首页

农家生鲜始终坚持从源头把控品质，确保所有生鲜都新鲜、安全、健康。随着夏季的来临，农家生鲜决定开展"新鲜水果 8 折优惠"活动，需要重新制作网店首页。

实训要求

生鲜类网店首页可以绿色为主色调，传递出清新、自然、健康的品牌形象。首页顶部或显眼位置要突出"6 月你好""新鲜水果 8 折优惠"的活动主题，可以采用醒目的字体和颜色，让消费者一眼就能了解到活动信息。在首页中间或下方位置，展示网店精选的优质水果，可以使用高清的图片和简洁的文字介绍，突出水果的新鲜度和口感。同时，可以根据水果的种类和颜色进行分类展示，让消费者更容易找到自己喜欢的水果。参考效果如图 7-79 所示。

图7-79　参考效果

实训思路

根据实训要求，整个生鲜网店首页分为店招和导航、海报、优惠券、商品展示区 4 个部分。

（1）新建大小为"1920 像素 ×4400 像素"、分辨率为"72 像素 / 英寸"、名称为"生鲜网店首页"的文件。

（2）制作店招和导航。打开"叶子 .png"素材文件（配套资源：素材文件 \ 第 7 章 \ 生鲜网店首页 \ 叶子 .png），将"叶子"拖曳到新建文件中，调整素材的位置和大小。

（3）打开"Logo.png"文件（配套资源：素材文件 \ 第 7 章 \ 生鲜网店首页 \Logo.png），将其拖曳到新建文件中，调整 Logo 的位置和大小。

（4）选择"横排文字工具" T.，在工具属性栏中设置"字体"为"汉仪方叠体简"，"文本颜色"

为"#449f62"，在 Logo 的右侧输入"农家生鲜"文字。在"农家生鲜"文字下方输入"在生活中，让健康成为一种习惯"文字，调整文字的位置和大小。

（5）选择"圆角矩形工具" ◻，在工具属性栏中设置"填充"为"#f47b06"，在"农家生鲜"文字右侧绘制大小为"111 像素 ×28 像素"的圆角矩形。使用"横排文字工具" **T.** 在其中输入"收藏有礼"文字。

（6）选择"圆角矩形工具" ◻，绘制两个大小为"240 像素 ×100 像素"的圆角矩形，并分别设置"填充"为"#aacf43""#f9b502"。打开"樱桃 .png""芒果 .png"素材文件（配套资源：素材文件 \ 第 7 章 \ 生鲜网店首页 \ 樱桃 .png、芒果 .png），将水果素材分别拖曳到新建文件中，调整各素材的位置和大小。使用"横排文字工具" **T.** 在素材右侧输入"大樱桃 买 1 送 1""青芒 买 1 送 1"文字，调整大小、位置和颜色。

（7）选择"圆角矩形工具" ◻，在"买 1 送 1"文字处绘制两个大小为"95 像素 ×33 像素"的圆角矩形，调整圆角矩形的颜色和图层顺序。

（8）新建图层，设置"前景色"为"#7fa22c"，选择"矩形选框工具" ▭，绘制大小为"1920 像素 ×30 像素"的矩形并填充前景色。

（9）选择"横排文字工具" **T.**，在工具属性栏中设置"字体"为"方正中倩简体"，在矩形中依次输入文字，调整大小、位置和颜色，在这些文字图层下方新建图层，选择"矩形选框工具" ▭，在"首页有惊喜"文字下方绘制矩形选区，并填充"#f3002e"颜色。

（10）制作海报。使用"矩形工具" ◻，在导航的下方绘制大小为"1920 像素 ×600 像素"的矩形，打开"植物素材 .psd""窗户素材 .png""水果 .png"素材文件（配套资源：素材文件 \ 第 7 章 \ 生鲜网店首页 \ 植物素材 .psd、窗户素材 .png、水果 .png），将素材拖曳到绘制的矩形中，调整其位置和大小，并创建剪贴蒙版。

（11）双击"水果"图层的空白区域，打开"图层样式"对话框，勾选"投影"复选框，设置投影参数，单击 ▭ 确定 ▭ 按钮。按【Ctrl+J】组合键复制"水果"图层，设置"图层混合模式"为"叠加"、"不透明度"为"40%"。

（12）打开"木栅栏 .png"素材文件（配套资源：素材文件 \ 第 7 章 \ 生鲜网店首页 \ 木栅栏 .png），将素材拖曳到水果图片左侧，调整其位置和大小，并创建剪贴蒙版。使用"横排文字工具" **T.**，设置"字体"为"汉仪小麦体简"，在木栅栏中输入文字，调整字体大小、位置和颜色。

（13）选择"月"图层，单击"添加图层蒙版"按钮 ▢，将"前景色"设置为"#000000"，选择"画笔工具" ✎，将"月"字中间的两横笔画涂抹去除。

（14）打开"小素材 .psd"素材文件（配套资源：素材文件 \ 第 7 章 \ 生鲜网店首页 \ 小素材 .psd），将素材拖曳到水果图片左侧，调整其位置和大小。选择"圆角矩形工具" ◻，在工具属性栏中设置"填充"为"#fb653d"，取消描边，绘制大小为"280 像素 ×40 像素"的圆角矩形。然后使用"横排文字工具" **T.** 在圆角矩形中输入文字，调整字体颜色、大小和位置。

（15）制作优惠券。选择"钢笔工具" ✐，在工具属性栏中设置"工具模式"为"形状"，再设置"填充"为"#ee9915"，在海报下方绘制形状。

（16）按【Ctrl+J】组合键复制绘制的形状，选择复制的形状，再次选择"钢笔工具" ✐，在工具属性栏中取消填充，设置"描边"为"#ffffff"，描边大小"为"3 点"，在"描边选项"下拉列表中选择第二种选项，缩小形状使其形成内框效果。

（17）双击步骤（16）绘制形状的图层，打开"图层样式"对话框，勾选"渐变叠加"复选框，设置渐变颜色为"#e99413"～"#e9b336"。勾选"投影"复选框，设置投影参数后，单击 确定 按钮。使用"横排文字工具" **T.**，在形状内输入"10RMB"文字，调整颜色、大小和位置。

（18）选择"横排文字工具" **T.**，在形状内输入"优惠券""满99元使用"文字，调整字体颜色、大小和位置。

（19）选择"圆角矩形工具" ☐，在"满99元使用"文字图层下方绘制大小为"294像素×32像素"的圆角矩形。全选优惠券内容，按住【Alt】键不放向右拖曳鼠标复制优惠券，并修改优惠券内容。同时修改圆角矩形的大小为"293像素×32像素"。

（20）制作商品展示区。选择"矩形工具" ☐，绘制大小为"1920像素×600像素"、"填充"为"#f5c01b"的矩形。打开"生鲜网店首页商品展示素材8.png""生鲜网店首页商品展示素材12.png""生鲜网店首页商品展示素材13.png"素材文件（配套资源：素材文件\第7章\生鲜网店首页\生鲜网店首页商品展示素材8.png、生鲜网店首页商品展示素材12.png、生鲜网店首页商品展示素材13.png），将其拖曳到矩形中，调整其大小和位置，按【Ctrl+Alt+G】组合键添加剪贴蒙版。

（21）选择"矩形工具" ☐，在"生鲜网店首页商品展示素材13"图像的左上角绘制两个大小为"540像素×340像素"、"填充"为"#ffffff"的矩形，打开"图层"面板，设置"不透明度"为"50%"，调整矩形位置。使用"横排文字工具" **T.**在矩形内输入文字，完成后调整字体颜色、大小和位置。

（22）选择"椭圆工具" ◯，绘制4个"65像素×65像素"的圆，设置"填充"分别为"#f5c01b""#e94619""#f5c01b""#e94619"，调整圆的位置。

（23）选择"圆角矩形工具" ☐，在"好味道源自大自然"文字下方绘制大小为"380像素×45像素"的圆角矩形，并设置"填充"为"#e71f19"。

（24）选择"自定形状工具" ⬡，在工具属性栏中设置"填充"为"#ffffff"，在"形状"下拉列表中选择"会话3"选项，然后在"FRESH"文字下方绘制所选择的形状，调整其大小和位置。

（25）双击绘制的形状图层空白区域，打开"图层样式"对话框，勾选"投影"复选框，设置投影参数后，单击 确定 按钮。

（26）调整"生鲜网店首页商品展示素材8"所在图层的位置，单击"添加图层蒙版"按钮 ◻，设置"前景色"为"#000000"，选择"画笔工具" ✎，在多余的图像处涂抹，使整个画面更加美观。打开"生鲜网店首页商品展示素材14.png"素材文件，将其拖曳到商品展示区，调整其大小和位置，并创建剪贴蒙版。

（27）选择"矩形工具" ☐，绘制两个大小为"695像素×515像素"的矩形，然后在矩形下方绘制6个大小为"380像素×450像素"的矩形。

（28）打开"生鲜网店首页商品展示素材1.png"～"生鲜网店首页商品展示素材7.png"，"生鲜网店首页商品展示素材9.png"，"生鲜网店首页装饰素材_1.png～生鲜网店首页装饰素材_3.png"素材文件（配套资源：素材文件\第7章\生鲜网店首页\生鲜网店首页商品展示素材 1.png ～生鲜网店首页商品展示素材 7.png、生鲜网店首页商品展示素材 9.png、生鲜网店首页装饰素材 _1.png ～生鲜网店首页装饰素材 _3.png），将水果素材依次拖曳到矩形中，并对其创建剪贴蒙版，然后添加树叶装饰素材。

（29）选择"横排文字工具" **T.**，输入文字，在工具属性栏中设置"字体"为"华文琥珀"，完成后调整字体的大小、颜色和位置。

（30）选择"矩形工具" **□.**，在"立即购买"文字下方绘制矩形，并设置"填充"为"#65845a"。

（31）选择"直线工具" **／.**，在"果园新鲜采摘""新鲜味美"文字的上下方分别绘制直线。再使用"横排文字工具" **T.**，输入两次"－－－－－－－－－－－－－－－－－－－－－"，起到分割线的作用。

（32）保存文件（配套资源：效果文件 \ 第 7 章 \ 生鲜网店首页 .psd）。

课后练习——制作家居网店首页

特屿森是一家销售实木、新疆棉制品的家居旗舰店，为了向消费者传达品牌的环保理念，该店准备重新对 PC 端网店首页进行设计（配套资源：素材文件 \ 第 7 章 \ "家具 PC 端首页"文件夹），整体按照店招与导航、海报、优惠券、商品促销区的顺序进行制作，颜色由店招至商品促销区逐渐变浅，过渡自然，页面美观。参考效果如图 7-80 所示（配套资源：效果文件 \ 第 7 章 \ 家居 PC 端首页 .psd）。

图7-80　家居PC端首页参考效果

第 **8** 章

商品详情页设计与制作

本章导读

　　当消费者在搜索页浏览到心仪的商品后，单击其主图便会进入商品详情页。消费者会依据商品详情页中的焦点图、卖点说明图及信息展示图等多个模块，来细致评估商品是否满足自己的需求，并据此决定是否下单购买。因此，商品详情页的设计与制作十分重要，一个精心设计与制作的商品详情页，不仅需要具备视觉上的吸引力，还需要有逻辑性和条理性的支撑，以确保消费者能够迅速捕捉到商品的核心卖点，充分了解商品的详细信息，并最终产生购买行为。

学习目标

- 了解商品详情页各个组成部分。
- 掌握商品详情页的规格与风格。
- 掌握商品详情页的设计要点。
- 掌握焦点图的设计方法。
- 掌握卖点说明图的设计方法。
- 掌握信息展示图的设计方法。

8.1 认识商品详情页

商品详情页是电商平台上展示商品详细信息的重要页面，它承载着向消费者传递商品特征、功能、优势及使用说明等关键信息的职责。精心设计一个商品详情页需要建立在了解其组成部分、规格与风格和设计要点的基础上。

8.1.1 商品详情页的组成部分

商品详情页的组成部分比较灵活，主要有焦点图、卖点说明图、信息展示图，还可根据需求添加售后服务、包装展示、用户评价图。图8-1所示为某款空气炸锅的商品详情页，主要由焦点图、卖点说明图、信息展示图组成。

图8-1 某款空气炸锅的商品详情页

· **焦点图**：焦点图用于清晰展示商品、突出商品的独特优势，以此吸引消费者目光并激发消费者的购买欲望。网店美工在焦点图设计上需独具匠心，通过有创意的文案与图片展现商品特色。

- **卖点说明图**：商品卖点是基于消费者的需求，从商品的使用价值、外观、质量、规格、功能、服务、承诺、荣誉、品质等诸多方面提炼出来的。卖点说明图就是对商品卖点的视觉设计与制作，通常一个卖点对应一个版面。
- **信息展示图**：信息展示图用于展示商品的材质、工艺、尺寸、规格、型号、成分、颜色等内容，加深消费者对商品的了解。

📑 **知识补充**

卖点的3个特征

一个成功的卖点必须具备3个特征：①独特性，卖点使商品在同类商品中脱颖而出，如某款智能手机独特的摄像头系统，能够拍摄出超清晰的夜景照片；②说服力，商品卖点紧密关联消费者核心利益，如某款电视机的4K超高清画质与HDR（High Dynamic Range Imaging，高动态范围成像）显示技术，为消费者带来影院级的观影体验；③长期价值，商品不仅限于单次购买，还具备品牌辨识度和传播力，如某品牌家电商品一贯的耐用性与优质售后服务，赢得了消费者的长期信赖。

8.1.2　商品详情页的规格与风格

商品详情页的宽度 ≤ 750 像素，高度无限制（但建议适中以避免页面加载缓慢），大小 ≥ 3MB，仅支持 JPG、JPEG、GIF、PNG 格式。

商品详情页的页面布局应简洁明了，避免过多的干扰元素，关键信息（如价格）应放在显眼的位置。商品详情页应使用高清的图片展示商品细节，确保消费者能够清晰地看到商品的每一个部分；同时提供详细的商品参数、功能介绍和使用说明，展示商品的专业性和可靠性。

8.1.3　商品详情页的设计要点

商品详情页的具体内容需要根据商品特点进行策划。如数码商品，消费者大多基于理性购买，关注的重点多为商品功能，此时就会涉及细节展示、商品参数、功能展示等内容；对于女装、手包、珠宝饰品等商品，消费者更多基于冲动购买，此时商品的展示、场景的烘托等模块就显得尤为重要。总之，商品详情页的内容要引发消费者的兴趣，在设计时需要把握以下4点。

- **清晰传达商品信息**：商品名称、品牌、分类、规格、功能等基本信息应清晰明了，同时商品图片应尽量清晰，且展示出商品的不同角度、不同应用场景，让消费者尽量全方位了解商品。
- **真实展示商品**：从多角度展示商品，注重品牌的塑造，但要注意避免过度美化图片而导致商品偏色、变形等，或过度夸大商品的性能，引起不必要的售后纠纷，降低网店的信誉。
- **重视布局和可读性**：通过合理的版面布局，使页面结构清晰，文字的字体选择、大小和颜色设置应考虑消费者的阅读习惯和视觉感受，使消费者能够更轻松地阅读和识别信息。
- **增加消费者信任**：从商品细节、消费者痛点和商品卖点、同类商品对比、第三方评价、品牌附加值、消费者情感、品质证明、售后服务等方面拟定内容，以赢得消费者信任，激发消费者的潜在需求，提高消费者的购买欲。

8.2 焦点图的设计与制作

焦点图可视为推广某款商品而设计的海报，由商品、主题与卖点 3 部分组成，其作用是吸引消费者购买该商品，其制作方法与首页海报的制作方法相似。

8.2.1 焦点图的设计要点

焦点图是商品详情页的第一张主形象图，也是该款商品留给消费者的第一印象。可以结合以下几个切入点来打造具有吸引力的焦点图，如图 8-2 所示。

图8-2　焦点图的设计切入点

图 8-3 所示为一款空气净化器的焦点图，通过"高效除菌　呵护家人健康"文案，直击消费者痛点。图 8-4 所示为一款净水器的焦点图，该图不但展示了净水器的外观，同时配以文案"双芯大通量　畅饮鲜活水""小身材大通量，每分钟直出 1.2 升纯净水"强调商品卖点，以加深消费者印象。图 8-5 所示为一款笔记本电脑的焦点图，该图通过炫彩的场景，使画面更具视觉冲击力，也更容易赢得消费者的关注与好感。图 8-6 所示为床上用品的焦点图，通过床上用品的使用场景，增强了消费者对商品的购买欲望。

图8-3　空气净化器焦点图　　图8-4　净水器焦点图　　图8-5　笔记本电脑焦点图　　图8-6　床上用品焦点图

从以上几张焦点图的设计原理可以发现，商品详情页焦点图与首页海报的不同之处在于，焦点图的主题是商品展示，可通过略微夸张的表现方式，呈现商品整体形象及主要卖点或商品理念，并以极具视觉冲击力的画面吸引消费者，制造视觉愉悦感，增强消费者继续浏览商品的兴趣。焦点图中的视觉组成包含文案、背景、商品图片或模特儿，在设计时应注意以下几点。

- 由于商品详情页页面的宽度有限，所以焦点图的布局一般应为上下结构。
- 焦点图中必须存在商品主体，且最好只有一个商品。商品主体要呈现在画面中的焦点位置，若有其他装饰物，要尽量减小装饰物所占用的空间，避免模糊商品的主体地位。
- 焦点图中的文案以商品特点展示为主，主要包括标题和描述性文案。标题文案的内容应尽量简短、干练，字体要大且有创意，以辅助展示商品特点并吸引消费者视线。描述性文案的内容可稍多一些，文案不要遮挡画面中的视觉元素，一般位于焦点图顶部、侧面或底部。

8.2.2　制作焦点图

本例制作以音响为主体的焦点图，需要先构建焦点图的背景，再添加文案，让画面更加美观，以提升商品的吸引力。其具体操作如下。

微课视频

制作焦点图

（1）新建大小为"750 像素 × 1500 像素"、分辨率为"72 像素 / 英寸"、名称为"音响焦点图"的文件。

（2）打开"焦点图背景 .pn""音响 .png"素材文件（配套资源：素材文件 \ 第 8 章 \ 焦点图背景 .png、音响 .png），将其拖曳到"音响焦点图"文件中，调整素材的位置和大小，效果如图 8-7 所示。

（3）选择音响所在图层，按【Ctrl+J】组合键复制图层，按【Ctrl+T】组合键使其呈可编辑状态，然后在其上单击鼠标右键，在弹出的快捷菜单中选择"垂直翻转"命令，再次单击鼠标右键，在弹出的快捷菜单中选择"斜切"命令，通过拖曳调整点，使翻转后的素材倾斜显示，形成投影效果，如图 8-8 所示。

（4）按住【Ctrl】键不放，单击"图层 2 拷贝"图层前的缩略图，载入选区，设置"前景色"为"#000000"，按【Alt+Delete】组合键填充选区，并将该图层移动到"图层 2"图层下方。设置该图层的"不透明度"为"30%"，效果如图 8-9 所示。

图8-7　添加素材文件　　图8-8　复制图层并斜切图像　　图8-9　调整不透明度

（5）由于制作的投影过于生硬，可选择【滤镜】/【模糊】/【高斯模糊】命令，打开"高斯模糊"对话框，设置"半径"为"42.9"，单击 确定 按钮，如图 8-10 所示。

（6）选择"橡皮擦工具"，设置"画笔样式"为"柔边圆"，调整画笔大小并在投影处拖曳鼠标，使投影效果显得不那么生硬，效果如图 8-11 所示。

（7）打开"Logo.png"素材文件（配套资源：素材文件 \ 第 8 章 \ Logo.png），将其拖曳到"音响焦点图"文件中，调整素材的位置和大小。选择"横排文字工具"，在工具属性栏中设置"字体"为"汉仪综艺体简"，"文本颜色"为"#224c79"，输入"司倍数码家电"文字，调整文字的大小与位置，打开"字符"面板，单击"仿斜体"按钮，效果如图 8-12 所示。

图8-10　设置高斯模糊参数　　　图8-11　擦除多余部分　　　图8-12　添加Logo和输入文字

（8）选择"横排文字工具"，在工具属性栏中设置"字体"为"方正汉真广标简体"，"文本颜色"为"#2b527d"，输入"声音实力派"文字，调整文字的大小与位置，接着在该文字的上方和下方分别输入"语音遥控家电人工智能音响""声尔不凡 | 畅听家的新声"文字，设置"字体"为"汉仪中圆简"，调整文字大小、位置，效果如图 8-13 所示。

（9）双击"声音实力派"图层右侧的空白区域，打开"图层样式"对话框，勾选"斜面和浮雕"复选框，设置"大小"为"7"，"阴影模式"的颜色为"#779dc1"，其他参数保持不变，如图 8-14 所示。

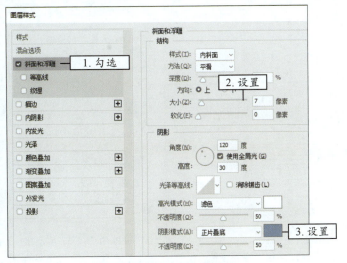

图8-13　输入文字并调整　　　　　图8-14　设置斜面和浮雕参数

（10）勾选"描边"复选框，设置"大小"为"3"，"位置"为"外部"，"颜色"为"#d4d9de"，如图 8-15 所示。

（11）勾选"渐变叠加"复选框，设置渐变颜色为"#082039"～"#7298bd"，如图 8-16 所示。

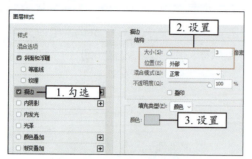

图8-15　设置描边参数

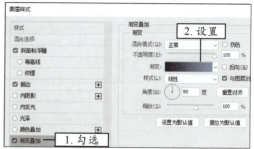

图8-16　设置渐变叠加参数

（12）勾选"投影"复选框，设置"颜色"为"#779dc1"，"距离"为"7"，"大小"为"5"，如图 8-17 所示。完成后单击 ▭ 确定 按钮。

（13）选择"圆角矩形工具" ▭ ，在工具属性栏的"填充"下拉列表中单击"渐变"按钮 ▭ ，设置渐变颜色为"#365f84"～"#a7bde2"，取消描边，设置"半径"为"30 像素"，然后在"声尔不凡 | 畅听家的新声"文字下方绘制大小为"500 像素 ×60 像素"的圆角矩形。修改"声尔不凡 | 畅听家的新声"文字颜色为"#ffffff"，如图 8-18 所示。

（14）按【Ctrl+Shift+Alt+E】组合键盖印图层，按【Ctrl+J】组合键复制图层，设置"图层混合模式"为"柔光"，保存文件（配套资源：效果文件 \ 第 8 章 \ 音响焦点图 .psd）。完成后的效果如图 8-19 所示。

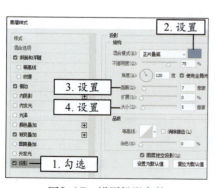

图8-17　设置投影参数

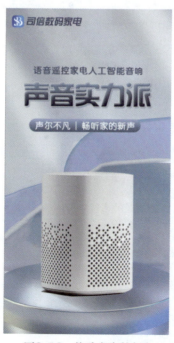

图8-18　修改文字的颜色

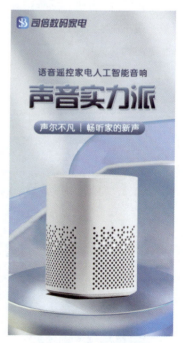

图8-19　完成后的效果

焦点图设计技巧

焦点图位于商品详情页上方，作为消费者浏览商品详情页的开端，所以在设计焦点图时，要注意风格的统一，不要与下方的模块产生严重的色差对比，否则会使焦点图在视觉上与其他模块格格不入，让消费者感觉到整个商品详情页比较混乱突兀。网店美工可将焦点图的主色调作为其下方模块的主色调，让焦点图的视觉效果延展开来，自然地过渡到其他模块。

8.3　卖点说明图的设计与制作

在商品详情页中，卖点说明图可将商品的卖点充分展示出来，借助该图，消费者可以对商品有一个具体的认识。同时，这些图像的展示效果能够进一步激发消费者的好奇心，促使消费者继续深入了解和浏览商品详情页。

8.3.1　卖点说明图的设计要点

所谓卖点，就是在商品的材质、款式、功能及外观中提炼出的能够提升消费者对商品价值和效用认知的特点。由于焦点图的作用，消费者对其中的商品已经产生了一定的兴趣，接下来网店美工就要在充分了解卖点的前提下将卖点视觉化。

卖点视觉化的要点是图文搭配，即以简明扼要的文案说明商品卖点，同时配以惟妙惟肖的商品图片，以增强消费者对商品卖点的切身感受。卖点视觉化的重点是将卖点说清楚，注意不要使用太过夸张的手法进行渲染，以免造成卖点模糊，影响消费者对商品的认知。图8-20所示的卖点说明图就是通过简单的文字说明，辅以图片布局来展现充电器的具体功能。

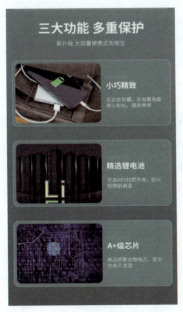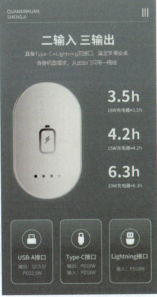

图8-20　卖点说明图的视觉展现

商品卖点并不是单一的，当有多个卖点时，还要将其连续展现在商品详情页中，并保持各卖点之间的联系。网店美工可以通过指向性设计元素，如具有顺序的数字、箭头，相同的画面构图，文字之间的关联等方法来组合多个卖点，以加强卖点说明图之间的逻辑关联，提升消费者的浏览体验。

📖 **知识补充**

卖点说明图制作的注意事项

由于商品详情页的内容较多，页面较长，消费者在浏览时一般会通过滑动鼠标滚轮或屏幕的方式查看，因此建议卖点说明图不要制作得太长，一屏内最好能够完整容纳一个卖点说明图，并显示出下一个卖点说明图的部分内容，以便更好地呈现出卖点之间的关联。

8.3.2 制作卖点说明图

下面将制作音响的卖点说明图，在制作时可通过图文结合的方式，体现音响的音量大、自定义闹钟、音质好、防水、功能丰富、语音控制、音乐量丰富等卖点，吸引消费者继续浏览。具体操作步骤如下。

微课视频

制作卖点
说明图

（1）新建大小为"750 像素 ×9740 像素"、分辨率为"72 像素 / 英寸"、名称为"音响卖点说明图"的文件。

（2）打开"卖点图 1.jpg"素材文件（配套资源：素材文件 \ 第 8 章 \ 卖点图 1.jpg），将图片拖曳到新建的图像文件中，调整大小和位置。

（3）选择"横排文字工具" T，打开"字符"面板，设置"字体"为"汉仪综艺体简"，"文本颜色"为"#224c79"，单击"仿斜体"按钮 T，输入"大音量还原出色听感"文字，调整文字的大小和位置。接着在文字的下方输入其他文字，设置"字体"为"汉仪中圆简"，调整文字大小和位置，如图 8-21 所示。

（4）打开"卖点图 2.jpg"素材文件（配套资源：素材文件 \ 第 8 章 \ 卖点图 2.jpg），将图片拖曳到新建的图像文件中，调整大小和位置。

（5）按住【Shift】键不放，依次选择"卖点图 1"中的所有文字，按住【Alt】键不放并向下拖曳鼠标以复制文字，修改文字内容，效果如图 8-22 所示。

（6）选择"圆角矩形工具" ▢，在工具属性栏中设置"填充"为"#ffffff"，取消描边，"半径"为"30 像素"，绘制大小为"500 像素 ×50 像素"的圆角矩形，再在圆角矩形中输入"小倍，用摇滚音乐叫我起床"，调整文字大小、位置和颜色，如图 8-23 所示。

（7）按住【Shift】键不放，依次选择圆角矩形和其中的文字，按住【Alt】键不放并向下拖曳鼠标，以复制圆角矩形和文字，然后修改文字内容，效果如图 8-24 所示。

（8）打开"卖点图 3.jpg""图示 .png"素材文件（配套资源：素材文件 \ 第 8 章 \ 卖点图 3.jpg、图示 .png），将图片拖曳到新建的图像文件中，调整大小和位置，如图 8-25 所示。

（9）按住【Shift】键不放，依次选择"卖点图 1"中的所有文字，按住【Alt】键不放并向下拖曳鼠标，以复制文字，调整复制后的文字图层到"卖点图 3"图片图层的顶部，修改文字内容。然后在图示的下方使用"横排文字工具" T 输入文字，设置"字体"为"汉仪中圆简"，调整文字大小和位置，效果如图 8-26 所示。

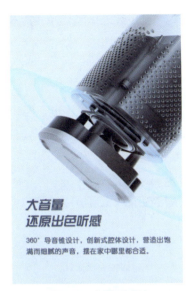

图8-21　添加素材和
输入文字并调整

图8-22　复制、修改文字

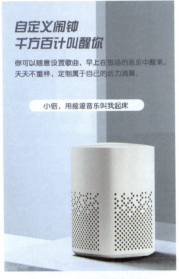

图8-23　绘制圆角矩形和
输入文字并调整（1）

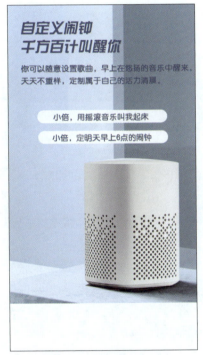

图8-24　复制圆角矩形和
文字并修改文字

图8-25　添加素材并调整

图8-26　输入文字并调整（1）

（10）打开"卖点图4.jpg""音响.png"素材文件（配套资源：素材文件\第8章\卖点图4.jpg、音响.png），将图片拖曳到新建的图像文件中，调整大小和位置，使用与前面相同的方法复制文字，并修改文字内容，效果如图8-27所示。

（11）打开"卖点图5.jpg"素材文件（配套资源：素材文件\第8章\卖点图5.jpg），将图片拖曳到新建的图像文件中，调整大小和位置。

（12）选择"横排文字工具" T.，打开"字符"面板，设置"字体"为"汉仪综艺体简"，"文本颜色"为"#224c79"，单击"仿斜体"按钮 I，输入"拥有 1600+ 生活技能　你的生活，交给小倍打理"文字，调整文字的大小和位置，如图 8-28 所示。

（13）选择"圆角矩形工具" □.，在工具属性栏中设置"填充"为"#ffffff"，取消描边，"半径"为"30 像素"，然后在文字下方绘制 4 个大小为"500 像素 ×50 像素"的圆角矩形，再在圆角矩形中输入文字，调整文字大小、位置和颜色，如图 8-29 所示。

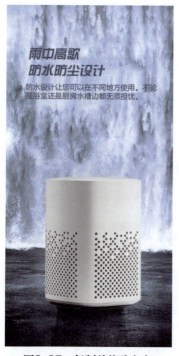

图8-27　复制并修改文字

图8-28　输入文字并调整（2）

图8-29　绘制圆角矩形和输入
文字并调整（2）

（14）打开"卖点图 6.jpg"素材文件（配套资源：素材文件 \ 第 8 章 \ 卖点图 6.jpg），将素材拖曳到新建的图像文件中，调整大小和位置。

（15）选择"自定形状工具" ♦，在工具属性栏中设置"填充"为"#ffffff"，取消描边，单击"形状"下拉按钮，在打开的下拉列表中选择"shape 4"形状，若没该形状，可先载入该形状样式组（配套资源：素材文件 \ 第 8 章 \ 外部形状 .csh），然后在空调、电视、风扇、扫地机器人的上方分别绘制选择的形状，用于后期输入文字，如图 8-30 所示。

（16）按住【Shift】键不放，依次选择"卖点图 1"中的所有文字，按住【Alt】键不放并向下拖曳鼠标以复制文字，调整复制后的文字图层到"卖点图 6"图片图层的顶部，修改文字内容，然后使用"横排文字工具" T.在绘制的形状中输入文字，设置"字体"为"汉仪中圆简"，调整文字大小和位置，效果如图 8-31 所示。

（17）选择"矩形工具" □.，绘制大小为"750 像素 ×1330 像素"的矩形，并设置"填充"为"#e7f2ff"。打开"卖点图 7.png"素材文件（配套资源：素材文件 \ 第 8 章 \ 卖点图 7.png），将素材拖曳到图像文件中，并调整大小和位置。

（18）按住【Shift】键不放，依次选择"卖点图1"中的所有文字，按住【Alt】键不放，向下拖曳
鼠标复制文字，调整复制后的文字图层到"卖点图7"图片图层的顶部，修改文字内容，如
图8-32所示。保存文件（配套资源：效果文件\第8章\音响卖点说明图.psd）。

图8-30 绘制形状

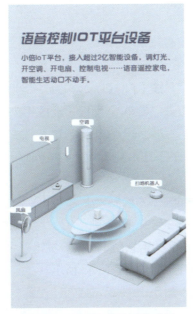

图8-31 输入文字并调整（3）

图8-32 复制并修改文字内容

8.4 信息展示图的设计与制作

卖点说明图虽然可以使消费者更直观地查看商品，但对于一些具体参数，如尺寸、材质、厚薄等，
还需要通过信息展示图来呈现，让消费者对商品有更进一步的了解。

8.4.1 信息展示图的表达方式

信息展示图的表达方式多种多样，可以根据商品参数的多少与商品的特征灵活设计，常用的商
品参数表达方式有以下4种。

- **自由排列输入**：自由排列输入的商品参数，一般需要使用文本框来统一文字的行间距。
- **通栏排列参数**：采用通栏排列的方式在中间区域整齐地列出商品参数信息。为了增强视觉效
  果，可以添加形状或线条来修饰参数模块。此外，商品参数表也是一种通栏排列参数的形式，
  它能够全面展示商品的特性、功能和规格等。在尺码展示方面，商品参数表的应用尤为广泛，
  提供了清晰、详细的尺寸信息。
- **商品参数与商品图片自由组合**：可以直接将商品参数输入同一张商品图片上，也可以将商品参
  数细化到不同的商品图片中进行展示。
- **参数与商品两栏排**：当商品参数比较少时，可使用左表右图或左图右表的表达方式。对于有尺
  寸规格的商品，还可在商品图片上添加尺寸标注。

8.4.2　制作信息展示图

　　下面将制作音响的信息展示图，在制作时沿用卖点说明图的主色，通过图片和参数的展示，分别对基本参数、外观尺寸、按键说明、包装清单内容进行展现。其具体操作如下。

（1）新建大小为"750 像素 ×2900 像素"、分辨率为"72 像素 / 英寸"、名称为"音响信息展示图"的文件。

（2）设置"前景色"为"#ebf3fb"，按【Alt+Delete】组合键填充颜色。

（3）选择"横排文字工具" T.，打开"字符"面板，设置"字体"为"汉仪综艺体简"，"文本颜色"为"#224c79"，单击"仿斜体"按钮 I，输入"基本参数"文字。

（4）选择"直线工具" /.，在文字的下方绘制颜色为"#1f4a75"、大小为"710 像素 ×3 像素"的直线。

（5）选择"矩形工具" □.，在直线的左下方绘制大小为"240 像素 ×320 像素"的矩形，并设置"填充"为"#a8cbec"，再在该矩形的右侧绘制大小为"465 像素 ×320 像素"的矩形，并设置"填充"为"#5ea4da"。选择"直线工具" /.，在矩形中绘制 3 条颜色为"#ebf3fb"、大小为"710 像素 ×3 像素"的直线，如图 8-33 所示。

（6）选择"横排文字工具" T.，输入图 8-34 所示的文字，设置"字体"为"汉仪粗圆简"，调整大小、行距、字距和位置。

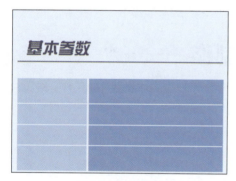

图8-33　绘制形状　　　　　　　　图8-34　输入并调整文字（1）

（7）选择"基本参数"文字和下方的直线，按住【Alt】键不放并向下拖曳鼠标，以复制选择的文字和直线，再将文字内容修改为"外观尺寸"。打开"音响 2.png"素材文件（配套资源：素材文件 \ 第 8 章 \ 音响 2.png），将图片拖曳到新建的图像文件中，调整大小和位置。选择"直线工具" /.，在图片的右侧和下方绘制颜色为"#1f4a75"的多条直线用于后期标注尺寸。

（8）选择"横排文字工具" T.，输入文字，设置"140mm""95mm"的字体为"汉仪综艺体简"，其他文字的字体为"汉仪中圆简"，调整大小、行距、字距和位置，如图 8-35 所示。

（9）选择"外观尺寸"文字和下方的直线，按住【Alt】键不放并向下拖曳鼠标，以复制选择的文字和直线，再将文字内容修改为"按键说明"。打开"音响 3.png"素材文件（配套资源：素材文件 \ 第 8 章 \ 音响 3.png），将图片拖曳到新建的图像文件中，调整大小和位置。选择"横排文字工具" T.，输入文字，设置"字体"为"汉仪粗圆简"，调整大小、行距、字距和位置，如图 8-36 所示。

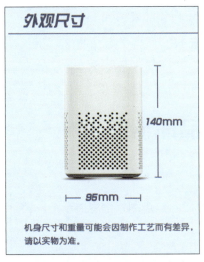

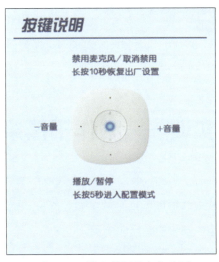

图8-35　输入并调整文字（2）　　　　　图8-36　输入并调整文字（3）

（10）选择"按键说明"文字和下方的直线，按住【Alt】键不放并向下拖曳鼠标，以复制选择的文字和直
　　　线，并将文字内容修改为"包装清单"。打开"音响4.png"素材文件（配套资源：素材文件\
　　　第8章\音响4.png），将图片拖曳到新建的图像文件中，调整大小和位置。选择"横排文字工
　　　具" **T.**，输入文字，设置"字体"为"汉仪粗圆简"，调整大小、行距、字距和位置。保存文
　　　件（配套资源：效果文件\第8章\音响信息展示图.psd）。完成后的效果如图8-37所示。

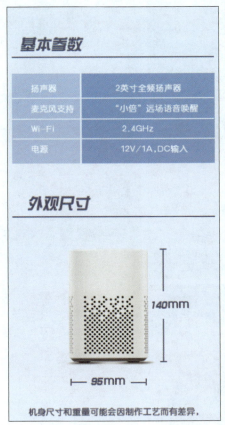

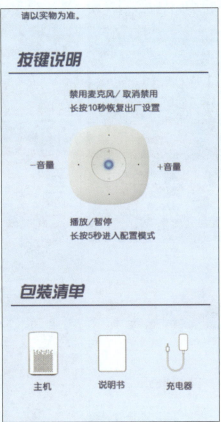

图8-37　完成后的效果

设计素养

　　在制作信息展示图时，应确保所使用的数据信息都是准确无误的。任何夸大、虚构或误导性的数据都会损害消费者的利益，同时也会损害品牌形象和信誉。

课堂实训——制作千禧果商品详情页

实训背景

微课视频

制作千禧果
商品详情页

　　农家生鲜网店近期主推一款千禧果商品，需要制作包含焦点图、信息展示图、卖点说明图等组成部分的商品详情页。

实训要求

　　要求商品详情页以"香甜千禧果"为标题，通过精美的图片和详细的文字描述展示千禧果的商品介绍、产地直销、现摘现发等信息，并对千禧果的新鲜度、口感和营养价值等卖点进行强调。参考效果如图 8-38 所示。

图8-38　参考效果

实训思路

根据实训背景，整个千禧果商品详情页分为焦点图、信息展示图、卖点说明图 3 个部分，可按照该顺序展开制作。

（1）新建大小为"750 像素 ×6433 像素"、分辨率为"72 像素 / 英寸"、名称为"千禧果商品详情页"的文件。

（2）制作焦点图。打开"千禧果背景 .png"素材文件（配套资源：素材文件 \ 第 8 章 \ 千禧果素材 \ 千禧果背景 .png），将素材拖曳到新建文件顶部，调整大小和位置。

（3）选择"圆角矩形工具" ▢，绘制"填充"为"#a69f9f"、大小为"282 像素 ×79 像素"的圆角矩形。按【Ctrl+J】组合键复制圆角矩形，并修改圆角矩形的"填充"为"#ffffff"，然后调整两个圆角矩形的位置。

（4）选择"横排文字工具" Ｔ，在工具属性栏中设置"字体"为"方正兰亭黑简体"，输入"香甜千禧果"文字，并调整文字的大小。然后输入其他文字，设置"字体"为"方正兰亭黑简体"，调整文字的位置、大小和颜色。

（5）使用与步骤（4）相同的方法输入"立即尝鲜"文字，调整文字的大小、位置和颜色。

（6）制作信息展示图。打开"商品 1.png"～"商品 3.png"素材文件（配套资源：素材文件 \ 第 8 章 \ 千禧果素材 \ 商品 1.png ～商品 3.png），将这些素材拖曳到商品详情页中，调整大小和位置。选择"矩形工具" ▢，设置"填充"分别为"#ff8601""#71a425"，绘制大小为"310 像素 ×310 像素""750 像素 ×150 像素"的矩形。

（7）选择"横排文字工具" Ｔ，在工具属性栏中分别设置"字体"为"方正正大黑简体""方正兰亭黑简体"，输入"商品介绍"相关内容及"产品展示""产地直销""现摘现发""生态种植 自然成熟新鲜 营养 健康""新鲜采摘 菜园直发 确保每个千禧果都新鲜直达"文字，然后调整文字的大小、位置和颜色，并使用"直线工具" ／在文字的中间区域绘制竖线。

（8）选择"横排文字工具" Ｔ，设置"字体"为"方正兰亭黑简体"，"文本颜色"为"#f30000"，输入"—— Product Display ——"文字，调整大小和位置。双击"产品展示"文字图层右侧的空白区域，打开"图层样式"对话框，勾选"渐变叠加"复选框，设置渐变叠加参数后，勾选"投影"复选框，设置投影参数后，单击 确定 按钮。

（9）打开"商品 4.png"～"商品 6.png"素材文件（配套资源：素材文件 \ 第 8 章 \ 千禧果素材 \ 商品 4.png ～商品 6.png），将这些素材拖曳到商品详情页中，调整大小和位置。

（10）选择"矩形工具" ▢，设置"填充"为"#ff8601"，在第一张图片下方绘制大小为"750 像素 ×150 像素"的矩形。再在第二张图片的底部绘制大小为"750 像素 ×150 像素"的矩形，设置"填充"为"#71a425"。

（11）使用"矩形工具" ▢，绘制两个大小为"258 像素 ×161 像素"的矩形，并设置不透明度为"60%"，然后调整矩形的位置、大小和颜色。

（12）选择"横排文字工具" Ｔ，在工具属性栏中设置"字体"为"方正正纤黑简体"，然后输入"香""甜"文字，调整文字的大小和位置。选择"直排文字工具" ⬚Ｔ，在工具属性栏中设置"字体"为"方正正纤黑简体"，然后输入"FRAGRANT""SWEET"文字，调整文字的大小和位置。再次选择"横排文字工具" Ｔ，输入其他文字，设置"字体"为

"方正兰亭黑简体"，调整大小和位置。完成后保存文件（配套资源：效果文件\第8章\千禧果商品详情页.psd）。

课后练习——制作毛巾商品详情页

使用提供的素材（配套资源：素材文件\第8章\"毛巾素材"文件夹）为毛巾制作商品详情页，要求体现毛巾的品质，展示毛巾的卖点。参考效果（配套资源：效果文件\第8章\毛巾商品详情页.psd）如图8-39所示。

图8-39　毛巾商品详情页的参考效果

第 **9** 章

专题活动页设计与制作

本章导读

网店的页面设计会随着运营目的的变化而同步调整，特别是在开展活动或参与电商平台的大型活动时，会制作特定的专题页或活动页。例如，针对中秋节、开学等特定专题，店铺会设计专门的页面，旨在丰富视觉效果并提升网店销量。同时，网店也会根据周年庆、"双十一"等大型活动进行页面设计，通过展示各种优惠和促销信息来激发消费者的购买欲望，从而推动销售量的增长。

学习目标

- 掌握专题页的作用和分类。
- 掌握专题页的设计方法。
- 掌握活动页的主题风格。
- 掌握活动页的设计方法。

9.1　专题页的设计与制作

专题页是针对特定事件或主题进行精心策划和设计的页面，旨在通过集中营销的方式推广商品，如开学季专题页便是利用开学这一事件策划的页面。专题页中常包含主题内容和商品内容，不但能吸引消费者的注意力，还能给网店带来流量。

9.1.1　专题页的作用

专题页可以集中输出网店要传达的信息，提高消费者的关注度，促使消费者做出购买决策，进而完成交易。此外，专题页还具有以下作用。

- **补充、整合大量信息，吸引消费者注意力**：专题页能够根据消费者的个性化需求，有效地补充和整合大量信息，将这些信息划分为不同板块，可使内容更加清晰、有条理，从而激发消费者对商品的兴趣，提升他们的购买欲望。
- **对大型或多个促销活动进行集中展示**：制作专题页常常是为了配合网店开展促销活动，其展现量比较大，点击率也比较高，可以对促销活动起到推进和引导作用。
- **对外展示网店品牌形象和实力**：好的专题页可以让消费者体会到商家的良苦用心和雄厚实力，从而产生更多的信任感，有助于网店树立品牌形象，展现自身实力。
- **给网店带来流量，提升网店销售业绩**：专题页通过精心策划和布局，能够突出展示其中的商品，吸引消费者的兴趣，引导他们进入网店并浏览更多商品，提升网店销量。

9.1.2　专题页的分类

专题页主要分为陈述型专题页和促销型专题页两类。

- **陈述型专题页**：陈述型专题页一般针对具有安全要求或价值较高的商品，如药品、护肤品、高档商品等。该类型专题页展示的内容要能消除消费者对商品的顾虑，同时适当传递商品信息，增加消费者对网店的信任感。
- **促销型专题页**：促销型专题页主要通过促销活动来拉近消费者和商品的距离，增加消费者的购买概率。该类型的专题页与后文讲解的活动页类似，活动页的应用范围更广，体现的内容更具代表性，因此促销型专题页设置的活动内容不能过于自由。专题页也能呈现多个网店联合举行的活动，这种情况下，该页面的促销内容应更具多样性和完整性。

9.1.3　制作开学季专题页

司倍数码家电网店为了迎合即将到来的开学热潮，准备制作开学季专题页。制作时可使用立体效果的学校场景、书本、台灯、读书的学生等素材来体现"开学"这一主题，通过添加优惠信息和热卖商品内容，使消费者了解热卖商品，从而促进销售。其具体操作如下。

微课视频

制作开学季
专题页

（1）新建大小为"1920 像素 ×7000 像素"、分辨率为"72 像素 / 英寸"、名称为

"开学季专题页"的文件，设置"前景色"为"#7bb3e4"，按【Alt+Delete】组合键填充前景色。

（2）制作海报。打开"云彩1.png"素材文件（配套资源：素材文件\第9章\云彩1.png），将其拖曳到"开学季专题页"文件中，调整素材的位置和大小，如图9-1所示。

（3）打开"房屋.png""台灯.png""云彩2.png""草团.png"素材文件（配套资源：素材文件\第9章\房屋.png、台灯.png、云彩2.png、草团.png），将其拖曳到"开学季专题页"文件中，调整素材的位置和大小，如图9-2所示。

（4）选择草团素材，按住【Alt】键不放向左拖曳鼠标复制草团。打开"桌子.png""书本1.png""书本2.png""书本3.png""小孩.png""商品图片5.png""手机2.png""云彩3.png"素材文件（配套资源：素材文件\第9章\桌子.png、书本1.png、书本2.png、书本3.png、小孩.png、商品图片5.png、手机2.png、云彩3.png），将其拖曳到"开学季专题页"文件中，调整素材的位置和大小，完成背景的制作，如图9-3所示。将步骤（2）~步骤（4）涉及的图层整理到新建的"背景"图层组中。

图9-1 添加素材并调整（1）

图9-2 添加素材并调整 （2）

图9-3 添加素材并调整（3）

（5）选择"横排文字工具" ，在工具属性栏中设置"字体"为"方正汉真广标简体"，"文本颜色"为"#ffffff"，输入"·新学期 优惠大放价·"文字，调整文字大小与位置。

（6）双击"·新学期 优惠大放价·"图层右侧的空白区域，打开"图层样式"对话框，勾选"描边"复选框，设置"大小"为"6"，"位置"为"外部"，"颜色"为"#e3632e"，如图9-4所示。单击 确定 按钮。

（7）选择"横排文字工具" ，在工具属性栏中设置"字体"为"方正汉真广标简体"，"文字大小"为"230点"，"文本颜色"为"#fef4d6"，输入"开学季 新装备"文字，调整文字大小与位置，如图9-5所示。

（8）复制"开学季 新装备"图层，将"开学季 新装备 拷贝"文字图层置于"开学季 新装备"文字图层的下方，选择复制后的文字，将"文字大小"修改为"235点"，"文本颜色"为"#d56537"，调整文字的位置，使文字形成立体效果。

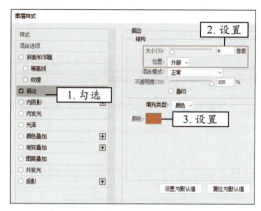

图9-4　设置描边参数

图9-5　输入文字并调整（1）

（9）双击"开学季 新装备 拷贝"文字图层右侧的空白区域，打开"图层样式"对话框，勾选"内发光"复选框，设置"混合模式"为"滤色"，"不透明度"为"35"，"颜色"为"#ffba9c"，"大小"为"8"，如图9-6所示。

（10）勾选"投影"复选框，设置"颜色"为"#703800"，"距离"为"6"，"大小"为"7"，如图9-7所示，单击 确定 按钮。

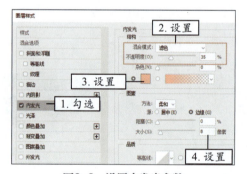

图9-6　设置内发光参数

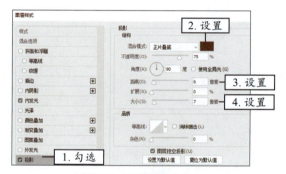

图9-7　设置投影参数

（11）再次复制"开学季 新装备"文字图层得到"开学季 新装备 拷贝2"图层，栅格化该图层，并将其移动到"开学季 新装备 拷贝"文字图层的下方，载入选区，选择【选择】/【修改】/【扩展】命令，打开"扩展选区"对话框，设置"扩展量"为"15"，单击 确定 按钮。

（12）选择"渐变工具" ，在工具属性栏中设置渐变颜色为"#f7b97c"～"f9aa80"～"#f9ae8c"，从左到右拖曳鼠标，在选区内填充渐变颜色，效果如图9-8所示。

（13）双击"开学季 新装备 拷贝2"图层右侧的空白区域，打开"图层样式"对话框，勾选"斜面和浮雕"复选框，设置"高光模式"的颜色为"#ffffff"，"阴影模式"的颜色为"#0e050b"，其他参数如图9-9所示，单击 确定 按钮。

（14）再次复制"开学季 新装备 拷贝2"图层得到"开学季 新装备 拷贝3"图层，将拷贝后的图层移动到"开学季 新装备 拷贝2"图层的下方，载入选区，选择【选择】/【修改】/【扩展】命令，打开"扩展选区"对话框，设置"扩展量"为"12"，单击 确定 按钮。设置"前景色"为"#c74722"，按【Alt+Delete】组合键填充前景色，效果如图9-10所示。

图9-8 填充渐变颜色

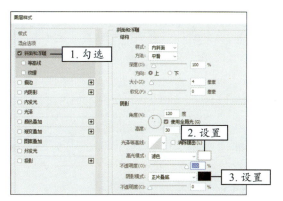

图9-9 设置斜面和浮雕参数（1）

（15）选择"圆角矩形工具"⬚，设置"填充"为"#e2504d"，取消描边，"半径"为"30像素"，在文字下方绘制大小为"1100像素×160像素"的圆角矩形。新建图层，设置"前景色"为"#f88f74"，选择"画笔工具"✎，设置"画笔样式"为"柔边圆"，"画笔大小"为"130"，在圆角矩形的上方拖曳鼠标绘制色块，按【Ctrl+Alt+G】组合键，为其和圆角矩形创建剪贴蒙版，注意绘制的色块主要用于美化圆角矩形。

（16）选择"横排文字工具"T，在工具属性栏中设置"字体"为"方正汉真广标简体"，"文本颜色"为"#ffffff"，输入"低至5折 满99元减30元"文字，调整文字大小与位置，如图9-11所示。将步骤（5）～步骤（16）涉及的图层整合成图层组。

图9-10 填充前景色

图9-11 输入文字并调整（2）

（17）制作优惠券。选择"圆角矩形工具"⬚，设置"填充"为"#faae8e"，取消描边，"半径"为"30像素"，在下方的云彩部分绘制大小为"1236像素×1152像素"的圆角矩形。选择绘制的圆角矩形，按两次【Ctrl+J】组合键复制图层。选择"圆角矩形2拷贝"图层，选择"圆角矩形工具"⬚，修改"填充"为"#f1d8c2"，向下拖曳圆角矩形，使其形成立体效果。

（18）选择"圆角矩形2拷贝2"图层，选择"圆角矩形工具"⬚，在工具属性栏中取消填充，设置"描边"为"#f6a888"，"描边大小"为"20像素"，增强圆角矩形的立体感，如图9-12所示。

（19）双击"圆角矩形2拷贝2"图层右侧的空白区域，打开"图层样式"对话框，勾选"斜面和浮雕"复选框，设置"高光模式"的颜色为"#ffe6c9"，"阴影模式"的颜色为"#c7653b"，其他参数如图9-13所示，单击 确定 按钮。

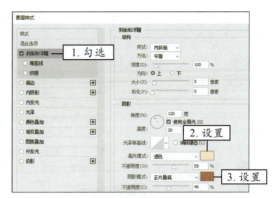

图9-12　修改圆角矩形　　　　　　图9-13　设置斜面和浮雕参数（2）

（20）选择"圆角矩形工具" ，设置"填充"为"#59876e"，取消描边，"半径"为"30像素"，在圆角矩形中绘制大小为"1145像素×1070像素"的圆角矩形。

（21）选择"圆角矩形工具" ，设置"填充"为"#ef9c6d"，取消描边，"半径"为"20像素"，绘制大小为"256像素×317像素"的圆角矩形。在圆角矩形里面绘制"填充"为"#ffefd8"、大小为"230像素×287像素"的圆角矩形。再在下方绘制"填充"为"#ed4e30"、大小为"175像素×35像素"的圆角矩形，如图9-14所示。

（22）选择"横排文字工具" ，在工具属性栏中设置"字体"为"方正汉真广标简体"，输入文字，调整文字大小、位置和颜色，如图9-15所示。

（23）选择优惠券图层，创建图层组，按住【Alt】键不放向右拖曳鼠标，复制3次图层组，分别修改优惠券的内容，如图9-16所示。

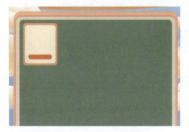

图9-14　绘制圆角矩形（1）　　　图9-15　输入文字　　　图9-16　复制优惠券并修改内容
并调整（3）

（24）选择"圆角矩形工具" ，设置"填充"为"#ffefd8"，"描边"为"#ef9c6d"，"描边大小"为"10像素"，"半径"为"30像素"，在优惠券下方绘制大小为"1100像素×375像素"的圆角矩形。

（25）打开"红包.png"素材文件（配套资源：素材文件\第9章\红包.png），将其拖曳到"开学季专题页"文件中，调整素材的位置和大小，如图9-17所示。

（26）选择"横排文字工具" ，在工具属性栏中设置"字体"为"方正汉真广标简体"，输入文字，调整文字大小、位置和颜色。

（27）选择"圆角矩形工具" ，设置"填充"为"#ff5c5a"，取消描边，"半径"为"20像素"，在"立即下单"文字的下方绘制大小为"405像素×77像素"的圆角矩形，如图9-18所示。将步骤（24）～步骤（27）涉及的图层整合成图层组。

图9-17　添加红包素材　　　　　　　　图9-18　绘制圆角矩形（2）

（28）选择"圆角矩形工具" ，设置"填充"为"#e65a53"～"#fbb09a"，"描边"为"#ef9c6d"，
　　　　"描边大小"为"10像素"，"半径"为"30像素"，绘制大小为"1100像素×254像素"
　　　　的圆角矩形。

（29）保持选中圆角矩形的状态，打开"属性"面板，单击"链接"按钮 ，取消链接，设置"左
　　　　上角半径""右下角半径"均为"65像素"，其他为"0像素"，如图9-19所示。

（30）选择"钢笔工具" ，设置"工具模式"为"形状"，设置"填充"为"#ffefd8"，取消描边，
　　　　在圆角矩形的左侧绘制形状，按【Ctrl+Alt+G】组合键，创建剪贴蒙版，如图9-20所示。

（31）打开"红包2.png"素材文件（配套资源：素材文件\第9章\红包2.png），将其拖曳到"开
　　　　学季专题页"文件中，调整素材的位置和大小。

（32）选择"横排文字工具" ，在工具属性栏中设置"字体"为"方正汉真广标简体"，输入文字，
　　　　调整文字大小、位置和颜色。

（33）选择"圆角矩形工具" ，设置"填充"为"#fbfefe"，取消描边，"半径"为"30像素"，
　　　　在"可叠加使用"文字的下方绘制大小为"300像素×54像素"的圆角矩形，如图9-21所
　　　　示。将步骤（28）～步骤（33）涉及的图层整合到图层组中。

图9-19　设置属性参数　　　图9-20　绘制形状并创建剪贴蒙版　　　图9-21　绘制圆角矩形（3）

（34）制作商品展示区。使用与步骤（17）～步骤（19）相同的方法在优惠券的下方绘制两
　　　　个具有立体效果的矩形。选择"圆角矩形工具" ，在矩形内外绘制不同大小和颜色
　　　　的圆角矩形。

（35）打开"商品图片2.png"～"商品图片5.png"素材文件（配套资源：素材文件\第9章\商
　　　　品图片2.png～商品图片5.png），将其拖曳到"开学季专题页"文件中，调整素材的位置
　　　　和大小。

（36）选择"横排文字工具" T., 在工具属性栏中设置"字体"为"方正汉真广标简体"，输入文字，调整文字大小、位置和颜色，完成后保存文件（配套资源：素材文件\第9章\开学季专题页.psd）。完成后的效果如图9-22所示。

图9-22　完成后的效果

9.2　活动页的设计与制作

活动页与促销型专题页作用相似，都是为网店或官方举办的活动专门设计的独立页面。但需要明确的是，活动页不仅涵盖网店自行组织的活动，还包括电商平台举办的活动，因此在适用性上比专题页更强。

9.2.1　活动页的主题风格

网店美工根据性质，可以将活动页的主题风格分为故事性、娱乐性和利益性3个方面。其中，故事性、利益性主题风格常用于大促活动和网店活动。

- **故事性**：通过构建一个引人入胜的故事框架（如"宝宝的一天""寻宝故事"），将网店活动内容巧妙地融入活动页。故事性风格能够有效吸引消费者的注意力，引导他们深入了解活动详情。

- **娱乐性**：该风格注重页面的趣味性和轻松感，通常通过融入趣味元素或结合时下热点进行设计，有助于减轻购物过程中的压力，使消费者在轻松愉快的氛围中选购商品。

- **利益性**：简单明了地通过页面渲染促销商品。在设计带有利益性页面时，通常会将利益点放在显眼的位置，以烘托促销氛围。这类页面的整体颜色会偏向红色、黄色等具有明显促销感的颜色，以增强视觉冲击力。当然，有些网店无须使用红色、黄色也可以制作出利益性很明确的活动页。

9.2.2　制作"双十二"活动页

整个活动页分为活动海报、优惠券、商品促销区 3 个板块，为了使制作的"双十二"活动页更具有吸引力，可通过放大"双十二"标题的方式，点明活动主题，然后通过紫色、蓝色与红色等颜色的搭配体现活动的紧迫感，促使消费者快速下单。具体操作步骤如下。

（1）制作活动海报。新建大小为"1920 像素 × 4500 像素"、分辨率为"300 像素 / 英寸"、名称为"双十二活动页"的文件。

（2）打开"背景 1.png""背景 2.png"素材文件（配套资源：素材文件 \ 第 9 章 \ 背景 1.png、背景 2.png），将素材依次拖曳到新建文件中，调整素材大小和位置。

（3）设置前景色为"#000000"，打开"图层"面板，选择"背景 1"素材所在图层，单击"添加图层蒙版"按钮 ，接着选择"画笔工具" ，涂抹该素材下方，使图像更加融合，如图 9-23 所示。

（4）双击"背景 1"素材所在图层的空白区域，打开"图层样式"对话框，勾选"渐变叠加"复选框，设置渐变颜色为"#7200ff" ～ "#0062d1"。

（5）勾选"投影"复选框，设置"不透明度"为"70"，"距离"为"33"，"大小"为"32"，单击 确定 按钮，效果如图 9-24 所示。

（6）打开"彩色块 .png"素材文件（配套资源：素材文件 \ 第 9 章 \ 彩色块 .png），将彩色块拖曳到门形状的下方，单击"添加图层蒙版"按钮 ，添加图层蒙版，使用"画笔工具" 在彩色块的上方进行涂抹，使图像更加融合，如图 9-25 所示。

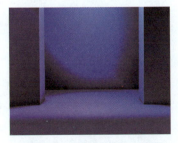

图9-23　涂抹素材　　　　图9-24　添加图层样式效果　　　　图9-25　添加与编辑彩色块

（7）打开"矩形.png""射灯.png""灯光1.png""灯光2.png"素材文件（配套资源：素材文件\
第9章\矩形.png、射灯.png、灯光1.png、灯光2.png），将素材依次拖曳到新建图像文件中，
调整素材大小和位置。

（8）新建图层，设置前景色为"#643579"，选择"画笔工具" 🖌，设置画笔大小为"1800像素"，
然后在射灯的交点处单击，设置"图层混合模式"为"颜色减淡"，效果如图9-26所示。

（9）使用与步骤（8）相同的方法，再次新建图层，设置前景色为"#950ca6"，在射灯的交点处单击，
设置"图层混合模式"为"滤色"，"不透明度"为"50%"。再次新建图层，设置前景色为
"#643579"，在射灯的交点处单击，设置"图层混合模式"为"颜色减淡"，效果如图9-27
所示。

（10）选择"横排文字工具" 🅃，输入"预售开启 享先购乐趣"，复制文字，作为投影，设置"字体"
为"方正劲黑简体"，设置投影文字颜色为"#06008d"其他文字颜色为"#ffffff"，调整文
字大小和位置，如图9-28所示。

图9-26　设置图层混合模式（1）

图9-27　设置图层混合模式（2）

图9-28　输入文字并调整

（11）选择"横排文字工具" 🅃，输入"12·12"，设置"字体"为"方正兰亭特黑简体"，"文
本颜色"为"#fea82f"，调整文字大小和位置。双击"12·12"文字图层的空白区域，打开"图
层样式"对话框，勾选"外发光"复选框，设置"颜色"为"#a44e15"，"大小"为"13"，
单击 ⬭确定 按钮，复制"12·12"文字图层并双击空白区域，打开"图层样式"对话框，
勾选"描边"复选框，设置"大小"为"2"、"颜色"为"#feedc1"，单击 ⬭确定 按钮，
在"图层"面板中设置填充为"0%"，调整文字位置，使其与底部文字形成交叉感，效果如
图9-29所示。

（12）新建图层，选择"椭圆选框工具" ◯，在"1"文字中绘制大小为"15像素×15像素"的圆，
然后设置"填充"为"#fbfbfd"。双击圆的图层，打开"图层样式"对话框，勾选"外发光"
复选框，设置"不透明度"为"88"，"颜色"为"#fbda69"，"扩展"为"12"，"大小"
为"15"，单击 ⬭确定 按钮。

（13）复制圆使圆布满"12·12"文字内，完成后的效果如图9-30所示，选择所有圆对应的图层，
在其上单击鼠标右键，在弹出的快捷菜单中选择"合并图层"命令。

（14）新建图层，选择"多边形套索工具" ⟍，在文字的下方左侧绘制平行四边形选区，然后在选
区内填充"#6508fd"～"#3ca2fb"渐变颜色。取消选区，在文字的下方右侧绘制平行四边
形选区，然后在选区内填充"#fc00b1"～"#6800ff"渐变颜色，如图9-31所示。

图9-29　文字效果　　　　　　　图9-30　复制圆　　　　　　　图9-31　绘制与填充选区

（15）双击平行四边形所在图层的空白区域，打开"图层样式"对话框，勾选"投影"复选框，设置"不透明度"为"35"，"距离"为"12"，"扩展"为"14"，"大小"为"7"，单击 确定 按钮。复制平行四边形图层样式到另外一个平行四边形图层中，然后选择"横排文字工具" T，分别在两个平行四边形中输入"全场不止是 5 折""错过要再等一年！"，设置"字体"为"方正兰亭粗黑简体"，设置"文本颜色"为"#ffffff"，调整大小和位置，如图 9-32 所示。新建名称为"组 1"的图层组，并将所有图层移到图层组内。

（16）制作优惠券。选择"矩形工具" □，在平行四边形的下方绘制大小为"1920 像素 ×120 像素"的矩形，并设置"填充"为"#060116"，"描边"为"#3e9dfb"，"描边宽度"为"1 点"，再设置图层的"不透明度"为"40%"。新建图层，选择"钢笔工具" ∅，绘制路径并将其转换为选区，填充为"#3da0fc"的颜色。选择"横排文字工具" T，输入文字，设置"字体"为"思源黑体 CN"，"文本颜色"为"#ffffff"，"字体样式"为"加粗"，调整文字大小和位置。

（17）打开"矢量形状 .png"素材文件（配套资源：素材文件 \ 第 9 章 \ 矢量形状 .png），将素材依次拖曳到文字的右侧，调整素材大小和位置，如图 9-33 所示。

图9-32　添加图层样式并输入文字　　　　　　图9-33　添加并调整素材

（18）选择"圆角矩形工具" □，绘制大小为"1050 像素 ×160 像素"的圆角矩形，并设置"填充"为"#2302c6"。

（19）选择"椭圆工具" ○，绘制两个大小为"252 像素 ×252 像素"的圆，在工具属性栏中设置"填充"分别为"#00a0e9"和"#051199"，完成后一起对圆角矩形创建剪贴蒙版，如图 9-34 所示。

（20）选择"矩形工具" □，在矩形中绘制 3 个大小为"250 像素 ×125 像素"的矩形，设置从左到右的"填充"依次为"#9b00fc""#ebb916""#fb2445"，如图 9-35 所示。

（21）选择"横排文字工具" T，在第一个矩形中输入文字，设置"字体"为"思源黑体 CN"，"立即购买"文字的颜色为"#9b00fc"，"字体样式"皆为"加粗"，其他字体颜色为"#ffffff"，调整文字大小和位置。

（22）选择"矩形工具" ，在"立即购买"文字下方绘制大小为"220像素×25像素"的矩形，并设置填充颜色为"#ffffff"。

（23）使用"横排文字工具" T，在其他矩形中输入文字，并在"立即购买"文字下方绘制矩形，如图9-36所示。

图9-34　绘制圆并创建剪贴蒙版

图9-35　绘制矩形并设置填充颜色

图9-36　输入文字并绘制矩形

（24）制作商品促销区。选择"矩形工具" □，在优惠券下方绘制大小为"1200像素×2150像素"的矩形，并设置"填充"为"#9b00fc"。选择"矩形工具" □，在矩形中绘制4个大小为"1150像素×450像素"的矩形，设置"填充"为"#ffffff"，调整矩形在图像中的位置。

（25）打开"商品图片2.png"～"商品图片5.png"、"热卖商品图标.png"素材文件（配套资源：素材文件\第9章\商品图片2.png～商品图片5.png、热卖商品图标.png），将素材依次拖曳到矩形中，调整素材的位置和大小。

（26）选择"横排文字工具" T，输入文字，设置"字体"为"思源黑体CN"，"文本颜色"为"#9b00fc"，调整大小和位置，保存文件（配套资源：效果文件\第9章\双十二活动页.psd）。完成后的效果如图9-37所示。

图9-37　完成后的效果

　　仅淘宝平台而言，可以将常开展的活动分成两种——店铺内部活动和店铺外部活动。店铺内部活动主要聚焦于店铺自身的特色和节奏，如新品上架的推广活动、品牌纪念日活动、专为会员打造的优惠日活动，以及店铺周年庆等庆典活动。这些活动不仅展现了店铺的独特魅力，也体现了对客户的深度关怀。店铺外部活动则涵盖大促活动和平台活动，其中大促活动包括"6·18"大促、"双十一"大促等，而平台活动则按照时间和类目进行分类，如一年一次的三八妇女节等。另外，有时为了提前吸引消费者，还会在活动开始前开展预售活动，因此，相应的预售活动页面也需提前制作。

课堂实训——制作生鲜网店年货节活动页

实训背景

微课视频

制作生鲜网店
年货节活动页

　　农家生鲜网店准备针对年货节制作以促销为目的的活动页，整体设计要求方便消费者快速选购商品，并体现欢庆的氛围。

实训要求

　　活动页要具备海报、优惠券、商品促销展示区3个板块。在活动页顶部制作海报，要求体现出活动主题、折扣信息。在海报的下方制作优惠券，要求体现出店铺优惠信息，方便更多消费者了解本次活动的优惠信息。在制作商品促销展示区时，先要展示热卖单品，再在热卖单品的下方制作其他商品的展示区。参考效果如图9-38所示。

图9-38　参考效果

根据实训要求，整个活动页分为海报、优惠券、商品促销展示区 3 个部分，可按照该顺序展开制作。

（1）新建大小为"1920 像素 ×5400 像素"、分辨率为"72 像素 / 英寸"、名称为"年货节活动页"的文件。

（2）打开"年货背景 1.png""年货背景 2.png"素材文件（配套资源：素材文件 \ 第 9 章 \ 年货背景 1.png、年货背景 2.png），将素材依次拖曳到新建文件中，调整素材大小和位置。接着打开"灯笼 .png""横幅 .png""水果 .png"素材文件（配套资源：素材文件 \ 第 9 章 \ 灯笼 .png、横幅 .png、水果 .png），将素材依次拖曳到新建文件中，调整素材大小和位置。

（3）选择"横排文字工具" T，在文件的顶部输入文字，并设置"年货盛宴"文字的"字体"为"方正剪纸简体"，其他文字的"字体"为"思源黑体 CN"，"文本颜色"为"#ffeac5"，调整文字大小和位置。

（4）双击"年货盛宴"文字图层右侧的空白区域，打开"图层样式"对话框，设置斜面和浮雕、内阴影、投影等参数，使文字更加立体，完成海报的制作。

（5）制作优惠券。选择"钢笔工具" ⌀，设置"工具模式"为"形状"，"填充"为"#870c10"，"描边"为"#ffffff"，"描边大小"为"2 点"，然后绘制形状。选择"横排文字工具" T，输入"优惠专区"文字，设置"字体"为"思源黑体 CN"，调整文字大小和位置。

（6）选择"钢笔工具" ⌀，在工具属性栏中设置"工具模式"为"形状"，设置"填充"为"#870c10"，取消描边，然后绘制形状。

（7）选择"横排文字工具" T，输入优惠文字，在工具属性栏中设置"字体"为"思源黑体 CN"，"10"文字的"字体"为"Impact"，调整文字大小和位置。

（8）选择"移动工具" ✛，然后选择步骤（6）和步骤（7）涉及的图层，按住【Alt】键不放并向右拖曳鼠标，以复制图层。重复操作再复制一次，接着修改复制的文字内容，完成优惠券的制作。

（9）制作商品促销展示区。选择"圆角矩形工具" ▢，在优惠券的下方绘制大小为"1240 像素 ×580 像素"的圆角矩形，并设置"填充"为"#ffffff"，"描边"为"#f8d597"，"描边大小"为"10 点"，设置图层的"不透明度"为"80%"。

（10）打开"生鲜 1.png"素材文件（配套资源：素材文件 \ 第 9 章 \ 生鲜 1.png），将素材拖曳到新建文件中，调整素材大小和位置。

（11）选择"横排文字工具" T，输入文字，在工具属性栏中设置"字体"为"思源黑体 CN"，调整文字大小、颜色和位置，并在"立即购买 >>"文字下方绘制"填充"为"#fd555b"的圆角矩形。

（12）使用与步骤（9）～步骤（11）相同的方法制作第二个商品促销展示区，添加"生鲜 2.png"素材文件（配套资源：素材文件 \ 第 9 章 \ 生鲜 2.png）。

（13）选择"圆角矩形工具" ▢，绘制 4 个大小为"600 像素 ×710 像素"的圆角矩形，设置"填充"为"#ffffff"，"描边"为"#f2c3a6"，"描边大小"为"10 点"，设置图层的不透明度为 80%。

（14）打开"水果 3.png"～"水果 6.png"素材文件（配套资源：素材文件 \ 第 9 章 \ 水果 3.png ～

水果 6.png），依次将素材拖曳到新建文件中，调整素材大小和位置。

（15）选择"横排文字工具" T ，输入文字，在工具属性栏中设置"字体"为"思源黑体 CN"，调整文字大小、颜色和位置。并在"立即购买＞＞"文字下方绘制"填充"为"#fd555b"的圆角矩形。保存文件（配套资源：效果文件＼第 9 章＼年货节活动页 .psd）。

课后练习——制作周年庆专题页

特屿森网店即将开业 5 周年，店铺计划开展 5 周年店庆活动并制作 5 周年专题页，该专题页应该详细展示 5 周年活动内容，包括活动商品和优惠信息。参考效果（配套资源：效果文件＼第 9 章＼周年庆专题页 .psd）如图 9-39 所示。

图9-39　周年庆专题页参考效果

第 **10** 章

网店装修

本章导读

当完成网店内的图片设计后，可进行网店的装修，在装修前应先对页面图片切片，然后将图片上传到图片空间中，再通过电商平台后台的模块功能依次装修网店页面。

学习目标

● 了解装修前的准备工作。
● 掌握装修 PC 端网店首页的方法。
● 掌握装修移动端网店首页的方法。
● 掌握上传商品详情页的方法。

10.1　装修前的准备工作

由于页面图片的高度较高，且包含不同模块，为便于装修，在装修前需要对制作好的页面进行切片。再将装修所需的图片、视频上传到图片空间和视频空间中，以便在装修时使用。

10.1.1　切片与保存图片

下面将为"司倍数码家电首页.jpg"图片创建切片，并将创建的切片保存到计算机中，以便后期装修网店时使用。其具体操作如下。

（1）打开"司倍数码家电首页.jpg"素材文件（配套资源：素材文件\第10章\司倍数码家电首页.jpg）。

（2）选择【视图】/【标尺】命令，或按【Ctrl+R】组合键打开标尺，从左侧和顶端拖曳参考线，设置切片区域，如图10-1所示。

（3）选择"切片工具"，在工具属性栏中单击 基于参考线的切片 按钮，将图片基于参考线分成多个小块，如图10-2所示。

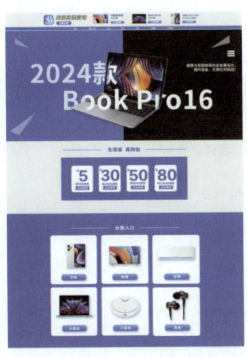

图10-1　添加参考线

图10-2　切片

（4）按【Shift+Ctrl+Alt+S】组合键，打开"存储为Web所用格式"对话框，单击 存储... 按钮，在打开的"将优化结果存储为"对话框中设置"格式"为"HTML和图像"，然后设置文件名称与保存位置，单击 保存(S) 按钮，如图10-3所示。

（5）此时将弹出"警告"对话框，单击 确定 按钮。完成操作后打开保存路径，可以看到一个HTML网页文件，以及一个名称为"images"的文件夹。其中"images"文件夹中包含了所有创建的切片图片（配套资源：效果文件\第10章\"images"文件夹），如图10-4所示。

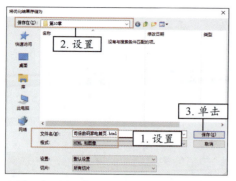

图10-3　设置格式、文件名称与存储位置

图10-4　查看保存文件

切片的注意事项

对图片进行切片后，完成切片的图片将以蓝色框显示，并且每个框左上角都标注了切片的序号。若切片的图片以灰色框显示，则表示该切片不能保存，需要重新进行切片操作。

10.1.2　上传图片至图片空间

在进行装修前，网店美工应将需要使用的图片上传到千牛卖家中心的图片空间，以便使用。其具体操作如下。

微课视频

上传图片至
图片空间

（1）登录淘宝网，单击"千牛卖家中心"超链接，在千牛卖家中心页面选择【商品】/【商品管理】/【图片空间】命令。

（2）打开"图片空间"页面，单击 新建文件夹 按钮，打开"新建文件夹"对话框，在"新文件夹名称"文本框中输入"司倍数码家电首页"，单击 确定 按钮，如图 10-5 所示。

（3）单击 上传文件 按钮，打开"上传素材"对话框，在"上传至"下拉列表中选择"司倍数码家电首页"选项，单击 上传 按钮，如图 10-6 所示。

（4）打开"打开"对话框，选择图片所在路径，并选择需要上传的图片（配套资源：效果文件\第 10 章\"images"文件夹），按住【Ctrl】键不放，并选择需要上传的多张图片，单击 打开(O) 按钮。

图10-5　新建文件夹

图10-6　上传图片

（5）此时，将打开"上传结果"对话框，在其中显示了图片的上传进度。待上传完成后，单击⊠按钮，返回图片空间，在图片空间的"司倍数码家电首页"文件夹中可查看上传的图片，如图 10-7 所示。

图10-7　查看上传的图片

10.1.3　上传视频至视频空间

若要运用视频，网店美工需先将视频上传到视频空间。具体操作如下。

（1）登录淘宝网，进入千牛卖家中心，选择【商品】/【商品管理】/【视频空间】命令。

（2）打开"视频空间"页面，单击 上传文件 按钮，打开"视频上传"对话框，单击 ☆ 上传视频 按钮，如图 10-8 所示。

（3）打开"打开"对话框，选择"音响主图视频 .mp4"视频文件（配套资源：素材文件 \ 第 10 章 \ 音响主图视频 .mp4 ），单击 打开(O) 按钮，稍等片刻，便完成上传，上传后的效果如图 10-9 所示。

微课视频

上传视频至
视频空间

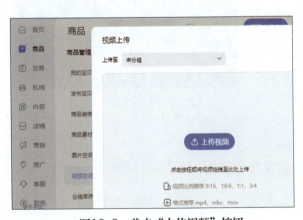

图10-8　单击"上传视频"按钮

图10-9　上传视频后的效果

10.2　装修网店首页

装修网店时，PC 端首页和移动端首页的装修方法存在差别。

10.2.1　装修PC端网店首页

微课视频

装修PC端
网店首页

装修 PC 端网店首页时，常使用模块进行首页各个部分的装修。下面将先通过 DeepSeek 工具为店招生成代码，然后使用淘宝提供的"全屏宽图"模块装修司倍数码家电网店首页的其他部分，具体操作如下。

（1）登录淘宝账号，进入千牛卖家中心，在左侧列表栏的"店铺"选项卡中单击"PC 店铺装修"超链接，打开旺铺管理页面。单击"首页"栏右侧的"装修页面"超链接，进入装修页面。

（2）进入淘宝网店装修页面，在店招右侧单击 🖊编辑 按钮，打开"店铺招牌"对话框。

（3）由于店招中对应的商品需要添加链接地址，而淘宝网中自带的模块没有该功能，因此需要先生成代码，然后以代码的方式进行装修，这里可直接使用 AI 工具来完成代码的生成。

（4）搜索并打开"DeepSeek"网站，在输入框中输入生成指令"为一张尺寸为 950 像素 × 150 像素的图片划分热区并生成 HTML 代码，一共 4 个矩形热区，下边距 30 像素，前 3 个矩形热区的宽度为 250 像素，最后一个矩形热区的宽度为 200 像素。"单击输入框下方的"联网搜索"按钮，取消联网搜索状态，使 DeepSeek 进行深度思考，然后单击 ↑ 按钮，如图 10-10 所示。

（5）稍等片刻，DeepSeek 将给出思考的过程并生成代码，如图 10-11 所示。代码生成完成后，为了便于后期编辑可先将代码复制到空白的文本文档中。

图10-10　输入生成指令

图10-11　查看生成的代码

📖 知识补充

热区的位置

在DeepSeek中输入指令时，需要明确热区的位置，可以通过其与上下边的距离，以及热区的实际尺寸进行明确，以便DeepSeek计算热区在店招中的位置。

（6）返回千牛卖家中心中的图片空间页面，上传"司倍数码家电首页 _01_02.png"素材文件（配套资源：素材文件 \ 第 10 章 \ 司倍数码家电首页 _01_02.png）到图片空间，选择上传的"司倍数码家电首页 _01_02.png"图片，单击"复制链接"按钮🖼，复制该图片的链接，如图 10-12 所示。

（7）切换到复制了代码的文本文档中，选择"your-image.jpg"文字，按【Ctrl+V】组合键粘贴刚复制的图片地址。

（8）选择"链接 1"文本，输入链接地址（若要获取地址，需先上传和发布商品，然后在"我的宝贝"面板中获取地址），依次修改"链接 2""链接 3""链接 4"文本，选择"alt="示例图片""文本，按【Delete】键删除，效果如图 10-13 所示。

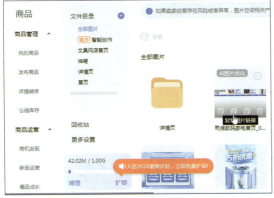

图10-12　复制图片链接

图10-13　修改链接地址

（9）全选代码，按【Ctrl+C】组合键复制代码（配套资源：效果文件\第 10 章\代码文件 .txt），切换到步骤（2）打开的"店铺招牌"对话框中，单击选中"自定义招牌"单选项，单击"源码"按钮，在下面的文本框中按【Ctrl+V】组合键粘贴复制的代码，在"高度"数值框中输入"150"，单击 保存 按钮，如图 10-14 所示。

（10）在页面左侧选择"页头"选项，在打开的页面中单击 更换图片 按钮，打开"打开"对话框，在其中选择店招与导航图片，单击 打开(O) 按钮。图片上传成功后，在页头设置"背景显示"为"不平铺"，"背景对齐"为"右对齐"，如图 10-15 所示。

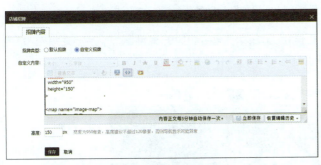

图10-14　自定义招牌

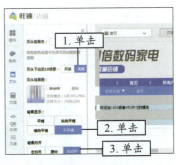

图10-15　设置页头

（11）在左侧的"模块"选项卡中选择"全屏宽图"模块，按住鼠标左键不放将其拖曳到导航条的下方，释放鼠标完成模块的添加。单击 编辑 按钮，打开"全屏宽图"面板，单击"图片地址"栏旁的 按钮，在打开的下拉列表中选择"司倍数码家电首页 _02.jpg"素材，如图 10-16 所示。

（12）打开"图片裁剪"对话框，在其中选择裁剪区域（这里由于原始图片大于 540 像素，因此需要将图片分割为两个部分进行上传），这里设置裁剪区域为 1920 像素 ×475 像素，完成后单击 确定 按钮，如图 10-17 所示。

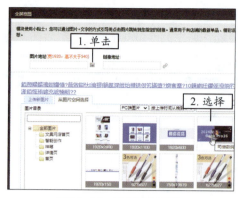

图10-16　选择全屏图片

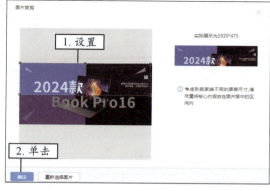

图10-17　图片裁剪

（13）返回"全屏宽图"对话框，单击"链接地址"栏旁的 🖉 按钮，在打开的页面中选择该图片地址对应的商品，将自动获取该商品的地址，完成后单击 保存 按钮完成制作。

（14）再次添加"全屏宽图"模块，使用相同的方法将"司倍数码家电首页_02.jpg"素材的下半部分（下半部分大小为：1920 像素 ×475 像素区域）添加到模块中，并设置链接地址，完成后单击 保存 按钮，如图 10-18 所示。

图10-18　添加链接地址

（15）使用与步骤（11）~步骤（13）相同的方法装修网店首页的其他区域，完成后单击 预览 按钮，预览装修后的效果，如图 10-19 所示。

图10-19　预览装修后的效果

PC端首页装修时的注意事项

淘宝提供的PC端首页装修模块之间会有间隙，若想消除间隙或使用其他的装修效果，需要进入装修市场购买已设计好的模板进行装修，或订购CSS权限自行使用代码装修，这些功能都需要付费才能使用。

10.2.2　装修移动端网店首页

司倍数码家电网店准备利用制作的移动端首页装修移动端网店首页。在装修前，可先上传图片至图片空间，然后进行装修操作。具体操作如下。

微课视频

装修移动端
网店首页

（1）登录淘宝网，进入千牛卖家中心，使用前面的方法将移动端首页素材上传到图片空间（配套资源：素材文件\第10章\"移动端首页"文件夹），选择【店铺】/【店铺装修】/【手机店铺装修】命令，打开"手机店铺装修"页面，选择"系统默认首页"选项，单击 装修 按钮，如图10-20所示。

（2）打开"页面装修"页面，在"容器"选项卡中选择"多热区切图"模块，按住鼠标左键不放向右拖曳该模块到网店名称下方，完成该模块的添加操作，如图10-21所示。

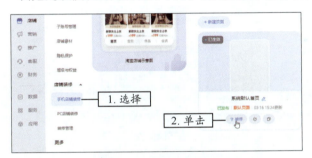

图10-20　手机店铺装修

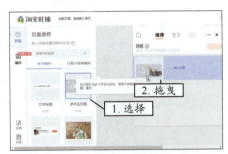

图10-21　添加"多热区切图"模块

（3）打开"多热区切图"页面，在"模块名称"文本框中输入"海报"，在"图片"栏中单击 上传图片 按钮，如图10-22所示。

（4）打开"选择图片"对话框，选中海报，单击 确认 按钮。在"选择图片"对话框右侧设置裁剪尺寸的高为"2000"，单击 保存 按钮，如图10-23所示。

图10-22　输入文字并单击"上传图片"按钮

图10-23　设置裁剪图片尺寸

（5）在打开的页面中单击 添加热区 按钮，打开"添加热区"对话框，在右侧输入链接地址，单击 完成 按钮，如图10-24所示，返回"编辑"页面，单击 保存 按钮，保存设置。

图10-24　输入热区链接

（6）使用与步骤（2）相同的方法，添加分类、宝贝展示模块。按照与步骤（3）～步骤（5）相同的方法进行装修与添加链接，完成后单击 预览 按钮，扫描弹出的二维码可预览效果，如图10-25所示，单击 发布∨ 按钮可发布首页。

图10-25　预览装修后的效果

10.3　装修商品详情页

　　司倍数码家电网店准备装修音响商品详情页，装修过程中需要先添加主图，再根据提示输入商品的信息，最后添加音响商品详情页图片。其具体操作如下。

（1）登录淘宝账号，进入千牛卖家中心，选择【商品】/【发布商品】/【发布宝贝】命令。

（2）打开"商品发布"页面，单击"以图发品"选项卡，单击 从本地上传 按钮，打开"打开"对话框，选择主图和商品详情页图片（配套资源：素材文件\第10章\

微课视频

装修商品
详情页

蓝牙音响主图 .jpg、音响商品详情页 .jpg ），单击 打开(O) 按钮，此时选择的图片将在右侧显示，如图 10-26 所示，单击 确认，下一步 按钮。

（3）千牛系统将自动根据上传的图片生成商品信息，在"品牌"下拉列表中选择品牌，在"型号"文本框中输入型号，如图 10-27 所示，单击 确认，下一步 按钮。

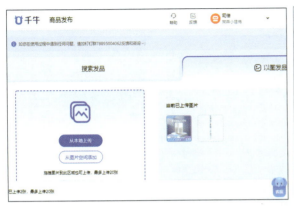

图10-26 上传图片

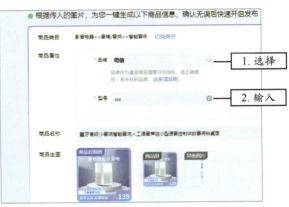

图10-27 设置基础信息

（4）打开"商品发布"页面，在"类目属性"栏中设置供电方式、功能、产地、声道、操作系统、语言助手系统等信息，如图 10-28 所示。

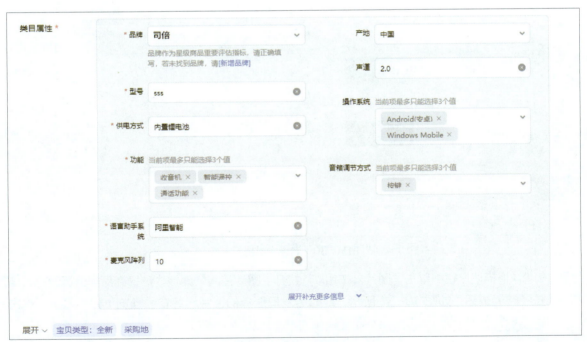

图10-28 设置"类目属性"栏

（5）在"销售属性""销售规格"栏中分别设置套餐类型、颜色分类、数量、一口价等信息，如图 10-29 所示。

（6）在"主图多视频"栏中单击"上传视频"超链接，在打开的下拉列表中选择"视频空间选择"选项，打开"选择视频"对话框，选中要上传的视频，单击 确认 按钮，如图 10-30 所示。

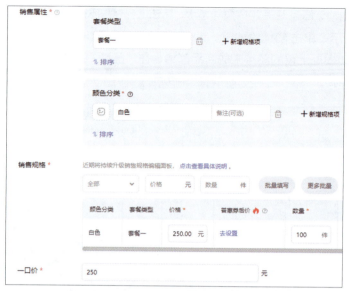

图10-29　设置"销售属性""销售规格"栏

图10-30　选择主图视频

（7）在"详情描述"栏中单击"图片"按钮⊡，打开"图片空间"面板，选择商品详情页图片，单击 ___确认___ 按钮，如图 10-31 所示，此时可发现选择的图片已经在"预览"栏中显示，单击 ___提交宝贝信息___ 按钮。

⊕ 设计素养

　　填写商品上架信息时，带"*"的类目属于必填类目，要保证填写信息的正确性，这关系到商品的属性展示，也会影响商品的后续引流。属性信息要与实物相符，若存在不符的情况，容易遭到消费者投诉。商家应该坚决杜绝标题、图片及商品详情页效果的抄袭，坚持信息发布的原创性，标题、图片和商品详情页介绍都应牢牢结合商品特点，形成自己的特色。

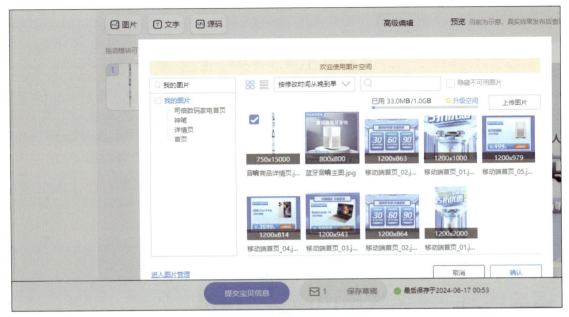

图10-31　选择商品详情页图片

课堂实训——装修生鲜网店首页

实训背景

为农家生鲜网店装修首页，使其首页效果能在网店中得到展现。

实训要求

装修前先使用"切片工具"进行首页图片的切片，再将图片上传到图片空间，并进行页面的装修。装修后的部分参考效果如图 10-32 所示。

图10-32　装修后的部分参考效果

实训思路

根据实训要求，依次切片并进行装修操作。

（1）在 Photoshop 中打开"生鲜网店首页 .jpg"素材文件（配套资源：素材文件 \ 第 10 章 \ 生鲜网店首页 .jpg），对其进行切片操作（配套资源：效果文件 \ 第 10 章 \ "生鲜网店首页"文件夹）。

（2）登录淘宝网，进入千牛卖家中心，在左侧列表栏的"商品"选项卡中单击"图片空间"超链接，进入"图片空间"页面，将切片后的图片上传到图片空间中。

（3）进入淘宝网店装修页面，在店招右侧单击 编辑 按钮，打开"店铺招牌"对话框。

（4）使用 DeepSeek 生成代码，并修改代码中的链接地址，复制修改后的代码。

（5）切换到"店铺招牌"对话框，单击"源码"按钮 ，在下面的文本框中粘贴复制的代码，单击 保存 按钮。接着设置页头，完成店招与导航的装修。

（6）依次添加"全屏宽图"模块，装修网店首页的其他区域，完成后单击 预览 按钮，预览装修后的效果。

课后练习——装修毛巾商品详情页

装修毛巾商品详情页，要求先对"毛巾商品详情页 .jpg"素材文件（配套资源：素材文件 \ 第 10 章 \ 毛巾商品详情页 .jpg）进行切片操作，然后上传切片后的图片到图片空间，接着进行商品详情页的装修操作。